HIER ET DEMAIN.
PENSÉES BRÈVES.

par

Gustave Le Bon

— 1918 —

Gustave Le Bon (1841-1931) apparaît comme l'une des figures incontournables de la psychologie sociale, discipline qu'il contribua à populariser au début du XXeme siècle avec son étude restée célèbre sur la psychologie des foules dans laquelle il démontre que le comportement des hommes lorsqu'ils sont en groupe diffère fondamentalement de leur psychologie individuelle. L'influence de Le Bon sur le plan académique et scientifique dépasse d'ailleurs très largement le seul cadre de la psychologie sociale, ses pensées — souvent novatrices pour l'époque — sur le fonctionnement et l'évolution des sociétés humaines ayant imprégné en profondeur l'ensemble des sciences humaines. De la sorte, l'oeuvre de Gustave Le Bon reste incontournable, même si certaines de ces positions, racialistes parfois, méritent aujourd'hui d'être critiquées. Il n'en reste pas moins que sa pensée puisse être qualifiée de remarquable, au titre notamment du rôle qu'elle a joué dans l'histoire des sciences humaines et sociales. Le volume qui suit, présenté sous la forme d'un recueil d'aphorismes, résume à merveilles l'étendue des connaissances — philosophie, psychologie, politique...etc — concernées par les travaux de Gustave Le Bon.

FVE, 2018

INTRODUCTION

L'immense conflit où se heurtent si violemment les forces de l'univers n'a pas accumulé seulement des ruines matérielles, mais aussi des ruines morales. Si nous voyons le monde changer, ce n'est pas uniquement parce que des cités ont été anéanties, des frontières géographiques déplacées, mais surtout parce que les anciennes conceptions orientant la vie des peuples ont perdu leur force.

Les idées qui rayonnaient au firmament de la civilisation et réglaient les rapports entre les hommes pâlissent tour à tour. Les peuples voient s'ébranler leur confiance dans la puissance des armatures sociales qui les protégeaient.

Les divers gouvernements, quelle que fût leur forme, ont manifesté la même insuffisance. Toutes les doctrines le pacifisme et le socialisme, la liberté aussi bien que l'autocratie montrèrent une égale impuissance. Aucun des dogmes proposés aux nations n'a révélé une efficace vertu. Les formules les plus chargées d'espoir perdent tout prestige.

La meurtrière épopée issue des ambitions germaniques n'a donc pas seulement fait sortir les peuples de leur vie journalière, mais aussi des conceptions traditionnelles qui leur servaient de flambeau.

*

*   *

Le monde se trouve arrêté dans sa marche et l'avenir enveloppé de ténèbres parce qu'un peuple puissant par les armes s'est précipité sur l'Europe pour l'asservir. Invoquant les principes d'une philosophie que beaucoup admiraient sans en comprendre les menaces, il affirma que le droit donné par la force était supérieur à tous les autres. L'équité, la justice, l'humanité et toutes les acquisitions résultant de siècles d'efforts furent déclarées sans valeur. L'Allemagne espérait qu'elles se montreraient sans force.

Pour faciliter son entreprise cette nation fit preuve d'une férocité et d'un mépris des lois traditionnelles de l'honneur qui remplirent le monde de stupeur et dressèrent bientôt contre elle les peuples indignés par ce retour à la barbarie.

L'invasion fut repoussée, mais combien de temps encore faudra-t-il rester en armes pour éviter les attaques d'un peuple ne reconnaissant aucune valeur aux traités?

*
* *

L'histoire a vu des périodes où les hommes agirent autant qu'aujourd'hui, elle n'en a pas connu où il leur fut aussi nécessaire de réfléchir. N'invoquant plus pour expliquer les choses, ni les hasards d'un sort incertain, ni les volontés souveraines de dieux inconstants, l'homme moderne ne cherche qu'en lui-même les causes de son destin. Il voit le danger des illusions et comprend que le monde n'est pas gouverné par les chimères issues de ses désirs.

Puissante destructrice d'illusions, la guerre a considérablement modifié notre vision générale des choses et forcé tous les esprits à méditer sur des questions de droit, de psychologie et d'histoire abandonnées jadis aux spécialistes.

*
* *

Les problèmes que la paix fera surgir sont nombreux et difficiles. Croire à leur simplicité conduit aux solutions incertaines chargées de conséquences dangereuses. Tout se tient dans l'édifice économique et social. Les intérêts y sont enchevêtrés et contradictoires. La nécessité les domine plus que nos volontés.

J'ai déjà consacré un volume aux Enseignements psychologiques de la guerre et un second à ses premières conséquences. Je me propose d'examiner plus tard les problèmes qu'elle fera naître.

Ces longues études aboutissent finalement à un petit nombre de conclusions faciles à formuler en pensées brèves.

La pensée brève semble une forme littéraire bien adaptée aux besoins de l'âge actuel. Le champ de la connaissance est devenu si vaste et la spécialisation si étroite qu'il faut bien se résigner à n'aborder que les idées générales servant de soutien aux diverses branches du savoir. Elles constituent l'armature philosophique des choses, l'âme des phénomènes.

Peu nombreuses à chaque époque, elles évoluent lentement et ne peuvent changer sans que les civilisations qu'elles orientaient soient transformées.

Condensées en propositions concises, ces idées générales et les réflexions qu'elles entraînent n'ont d'ailleurs d'intérêt qu'à la condition d'être la synthèse de faits nombreux. Elles disent alors beaucoup de choses en peu de mots et dispensent de longs discours. Leur rôle est surtout de faire penser et non de démontrer.

Les lecteurs bienveillants qui, de régions variées du globe, suivent depuis longtemps ma pensée à travers des langages fort divers, retrouveront dans ce livre les principes que j'ai déjà appliqués à l'étude de grands problèmes historiques. Une fois encore j'ai tâché de dégager la psychologie des vagues théories livresques pour l'adapter aux réalités journalières qu'elle semblait vouloir ignorer et que seule elle peut expliquer pourtant.

Ce nouveau travail sera utile s'il conduit le lecteur à considérer certaines faces des phénomènes qui avaient pu lui échapper, à réviser ses opinions en faisant le tour des choses, à se défier surtout des explications simplistes que la complication extrême des phénomènes ne comporte jamais.

*

*   *

Ce ne sont pas seulement des pensées nées du spectacle de la guerre et des possibilités d'avenir dont elle sera la source que renferme cet ouvrage. Il se termine par des réflexions scientifiques d'intérêt général. L'auteur ne pouvait oublier qu'une partie de sa vie fut consacrée à des travaux de laboratoire et que la science est la seule génératrice de nos rares certitudes. Elle est aussi la grande consolatrice pendant ces heures sombres où tous les charmes de la vie disparaissent, où l'ombre de la mort grandit chaque jour et où l'avenir lui-même semble dépourvu d'espérance. La chaîne des heures serait trop lourde si, pour fuir des réalités obsédantes ramenant aux barbaries de la préhistoire, on ne pouvait errer dans les régions lointaines de la science pure où s'élaborent les lois souveraines qui orientent les mondes vers des buts mystérieux.

Paris, novembre 1917.

Livre I
Les Forces
qui mènent l'Histoire

Chapitre I
Les puissances matérielles et morales.

Les guerres représentent l'extériorisation visible de forces invisibles en conflit.

***

Les forces psychologiques sont l'âme des phénomènes matériels.

***

Les forces matérielles sont redoutables Les forces psychologiques invincibles.

***

La guerre est un merveilleux exemple de la puissance des forces psychologiques qui mènent les hommes. Elle montre avec quelle facilité la crainte de la mort et les intérêts personnels s'évanouissent dès qu'agissent ces forces.

***

Dans ses préparatifs de guerre l'Allemagne avait tout prévu, sauf l'influence des facteurs psychologiques. ils devinrent assez puissants pour soulever le monde contre elle.

***

Le développement matériel d'une civilisation est sans parallélisme avec son évolution morale.

***

Les forces psychologiques furent toujours les véritables souveraines des peuples. Transformées en croyances religieuses, politiques ou sociales, elles conduisent, suivant le sens de leur action, les civilisations a grandir ou disparaître.

***

Les forces qui mènent l'histoire : forces biologiques, forces affectives, forces mystiques, forces collectives et forces intellectuelles, possèdent des logiques distinctes n'ayant pas de commune mesure.

CHAPITRE II
LES FORCES BIOLOGIQUES
ET AFFECTIVES.

Les forces biologiques comprennent tous les besoins nécessaires a l'entretien de la vie. Elles sont canalisées par les deux grands facteurs d'activité de tous les êtres : le plaisir et la douleur.

***

Les forces affectives, c'est-à-dire les sentiments et les passions, se mettant le plus souvent au service des forces biologiques, la raison est impuissante contre elles.

***

Les progrès de la civilisation ont développé considérablement l'intelligence, mais ils sont restés sans action sur les sentiments dont l'agrégat constitue le caractère. L'ambition. la cupidité, la férocité et la haine survivent a toutes les époques.

***

Sur la plupart des questions scientifiques ou techniques dépendant de l'intelligence, les bonnes de tous les pays se trouvent d'accord parce que l'expérience est leur guide. En matière religieuse, politique ou sociale, les impressions personnelles remplaçant l'expérience. la compréhension n'est possible qu'entre personnes douées de sentiments identiques. Ce n'est plus alors la justesse des choses, mais l'identité des sentiments provoqués par ces choses qui crée l'entente.

***

Les divergences intellectuelles se supportent et une raison faible s'incline facilement devant une raison forte. Les divergences sentimentales, au contraire, ne se tolèrent pas. La violence seule les fait céder.

***

Les sentiments deviennent facilement contagieux. L'intelligence ne l'est pas.

***

Les êtres s'égalisent beaucoup plus dans le domaine des sentiments que dans celui de l'intelligence.

***

Les sentiments et l'intelligence n'ayant ni évolution parallèle, ni commune mesure, une civilisation tris haute se superpose aisément à des sentiments très bas.

***

Des hommes d'intelligence supérieure ont parfois, au point de vue sentimental, une mentalité voisine de celle d'un sauvage.

***

Dès qu'un sentiment s'exagère, la faculté de raisonner disparaît.

***

Un peuple qui ne réussit pas à dominer ses instincts de barbarie finit par les glorifier afin de pouvoir leur obéir sans honte. Ce fut une grande habileté des philosophes germaniques d'essayer de justifier par des raisons biologiques et historiques les impulsions ataviques de conquête, de meurtre et de pillage de leur race.

***

Certains sentiments ne peuvent être combattus que par des sentiments identiques. On ne domine pas la méchanceté, la violence et la mauvaise foi avec de l'honnêteté et des scrupules.

***

Les grands auteurs dramatiques de tous les temps comprirent que les sentiments ne se hiérarchisent pas. Le plus intense domine à un moment donné tous les autres. Euripide montre la jalousie l'emportant sur l'amour maternel quand Médée immole les fils qu'elle avait eus de Jason, pour le punir de son infidélité. Corneille, au contraire, nous fait voir le besoin de vengeance effacé chez Chimène par son amour pour le meurtrier de son père.

***

La loi physiologique d'après laquelle deux douleurs étant simultanées, la plus forte efface la plus faible, se vérifie également dans le domaine des sentiments. Les diplomates allemands l'ignoraient quand ils escomptaient nos haines politiques. Elles étaient très fortes, mais disparurent instantanément devant la haine plus forte encore de l'étranger.

***

Les passions vivent rarement isolées. L'envie a pour compagne la haine, l'amour n'existe guère sans jalousie. L'avarice est inséparable de la dureté.

***

Dans les civilisations modernes, le besoin du luxe, ou tout au moins de ses apparences, est souvent plus impérieux que celui du nécessaire.

***

Un être sans préjugés, sans illusions, sans vices et sans vertus serait tellement insociable que la solitude constituerait son seul refuge.

***

La plupart des chagrins et des joies de l'existence résultent de ce que nous attachons aux choses une importance disproportionnée à leur valeur.

***

Si imparfaite que soit encore la connaissance des logiques affective, mystique et collective, elle donne cependant déjà la clef de phénomènes historiques que la logique rationnelle ne saurait expliquer.

CHAPITRE III
LES FORCES MYSTIQUES.

L'esprit mystique se caractérise par l'attribution de pouvoirs imaginaires et mystérieux à des doctrines. des rites, des amulettes, des personnages ou des formules. Il est indépendant de la dévotion à une divinité quelconque. Les défenseurs d'une foule de sectes politiques et sociales sont saturés d'esprit mystique.

***

Quand des millions d'hommes professent certaines opinions et d'autres millions d'hommes des opinions exactement contraires, on peut être certain que ces convictions reposent sur des bases mystiques ou affectives, et nullement rationnelles.

***

Les forces mystiques possèdent un pouvoir créateur immense. Elles ont édifié de grandes civilisations et fait surgir du néant les merveilles de l'art, que les générations admireront toujours si les futurs canons ne les anéantissent pas.

Le monde moderne se croyait soustrait à l'influence des forces mystiques. Jamais pourtant l'humanité n'y fut plus asservie. Ce sont elles qui mirent l'Europe en feu.

***

L'esprit mystique est créateur de forces imaginaires mais puissantes en raison de la confiance qu'elles inspirent. Ces forces font parfois agir l'homme contrairement à ses sentiments les plus chers, à ses intérêts les plus évidents.

***

Les conceptions d'ordre affectif ou mystique s'acceptent ou se rejettent en bloc, mais ne se démontrent pas.

***

Sur les forces mystiques la raison est sans prise.

***

En pénétrant dans la sphère du mystique, l'esprit le plus sagace perd ses facultés de discernement. Le manifeste des intellectuels allemands, où l'on vit des savants réputés nier l'évidence et interpréter les faits aux seules lumières de leurs illusions, est une nouvelle confirmation de cette loi.

***

Dans le domaine des forces mystiques plus encore que dans celui des forces sentimentales, toutes les intelligences s'égalisent.

***

Une croyance mystique se suffit, mais elle acquiert plus de force encore en s'associant à des intérêts matériels. L'idéal mystique d'hégémonie de l'Allemagne n'eut peut-être pas suffi à provoquer la guerre sans l'espoir de conquérir et piller de riches provinces.

***

Si l'Allemagne établissait actuellement le bilan des résultats de l'impulsion mystique qui l'a lancée sur le monde, elle trouverait à son passif : la mort misérable de plusieurs millions d'hommes, une perte de cent milliards et une aversion universelle. A son actif figurerait seulement l'annexion de quelques provinces impossibles à garder sans des dépenses militaires très lourdes.

***

Croire aveuglément dispense de raisonner et empêche d'être influencé par un raisonnement. Bien des années s'écouleront avant que le peuple allemand perde la conviction d'avoir été attaqué par la France et l'Angleterre conspirant sa perte.

***

La leçon des faits n'instruit pas l'homme prisonnier d'une croyance ou d'une formule.

***

Les convictions d'origine mystique se propagent par contagion mentale ou suggestion, jamais par des raisonnements.

***

Les vérités rationnelles les plus sures n'acquièrent de prestige sur les peuples qu'après avoir revêtu une forme mystique.

Un parti politique ou une révolution ne triomphent jamais par des arguments rationnels, mais seulement après avoir inspiré une foi mystique tris vive à leurs adeptes.

***

Un peuple ayant foi dons la victoire ne ressent ni sa faim ni la misère. Sa résistance morale s'écroule le jour précis ou il commence à douter du succès.

***

Si on éliminait d'une civilisation toutes les entités mystiques qui servirent à l'édifier, elle perdrait la plupart de ses mobiles d'action.

***

Il n'est guère d'exemple, dans l'histoire, de croyances à forme religieuse ébranlées par l'issue des batailles. Parés des siècles de défaites, l'islamisme est encore redoutable. Le rêve d'hégémonie de l'Allemagne ayant pris une forme religieuse restera pour l'Europe une source de conflits prolongés.

***

On ne triomphe pas d'une foi vive avec des armes matérielles, mais seulement en lui opposant une foi plus forte.

***

Contre les illusions mystiques les canons sont sans force.

CHAPITRE IV
LES FORCES COLLECTIVES.

Un peuple devient très fort quand il possède un idéal capable d'engendrer chez tous ses citoyens les mêmes sentiments, les mêmes pensées et, par conséquent, les mêmes actes. L'anarchie séculaire des Germains disparut lorsqu'au moyen de l'école et de la caserne la Prusse leur fit acquérir un idéal de domination universelle.

***

Quand un peuple a été longuement dressé à l'effort collectif, il finit par superposer à son âme individuelle une âme collective qui la domine entièrement. Tous ses sentiments: orgueil, gloire, soif de puissance, deviennent alors collectifs.

***

La substitution du collectif à l'individuel n'élève pas l'intelligence, mais elle donne une grande force militaire et industrielle aux peuples qui la réalisent.

***

Les sentiments collectifs obéissent à la même loi que les sentiments individuels, c'est-à-dire la domination de toutes les passions par une seule devenue très forte. L'orgueil du peuple allemand s'était tellement développé qu'il lui fit sacrifier à son ambition d'hégémonie l'intérêt évident de maintenir la paix nécessaire aux progrès de son industrie.

***

Faire surgir des sentiments dans l'âme des multitudes est relativement facile, les refréner difficile. En se développant ils deviennent des forces qu'on ne maîtrise plus.

***

Avec l'évolution actuelle de la civilisation, chaque société semble conduite à se diviser en petits groupements possédant des intérêts similaires et dirigés par des individualités fortes.

***

Dans les sociétés nouvelles en voie de formation l'individu isolé sera vite écrasé. il ne pourra y prospérer qu'en s'agrégeant à des groupes possesseurs d'intérêts semblables.

***

En matière de sentiments, l'âme collective d'un peuple est supérieure aux âmes individuelles. En matière d'intelligence, les âmes individuelles l'emportent au contraire beaucoup sur l'âme collective.

***

Les grandes personnalités indépendantes tendent de plus en plus à disparaître. L'être collectif remplace progressivement l'être individuel.

Chez les peuples primitifs n'ayant pas sensiblement dépassé l'étape de la tribu et du don les individus ne possèdent pas encore d'âme personnelle nettement formée, mai seulement une âme collective. Le militarisme et l'évolution industrielle ramènent certaines nations à la phase collective des premiers âges.

***

S'annexer à une collectivité, c'est accroître sa force sociale, mais perdre sa personnalité.

***

Les Grecs préféraient la grandeur individuelle à la grandeur collective, les Romains se contentaient de la supériorité collective.

***

Les Romains encore demi-barbares asservirent la Grèce qui possédait déjà une légion de penseurs et d'artistes immortels, grâce à des qualités collectives de discipline et ténacité un peu dédaignées des vaincus.

***

Les batailles tendent à devenir collectives. Les combinaisons d'un grand chef ne sauraient suffire aujourd'hui à décider si quelques heures des succès d'une campagne. Une victoire moderne représente l'addition de milliers d'énergies.

***

Les nations doivent toujours se tenir en défense contre les accès de délire collectif d'un peuple, surtout quand il appuie sa soif de conquêtes sur la conviction d'accomplir une mission divine. C'est au nom de conceptions analogues que les Arabes et les Turcs ont jadis ravagé le monde. Le canon seul peut combattre de telles illusions.

****

La plupart des sentiments ou des associations de sentiments tels que l'optimisme, le pessimisme et le courage, se propagent par contagion mentale, mais la propagation est beaucoup plus facile quand elle prend la forme collective.

****

On peut demander à l'âme collective des sacrifices impossibles à obtenir de l'âme individuelle.

****

Une souffrance collective se supporte plus aisément qu'une souffrance individuelle.

****

Pendant la guerre les sentiments collectifs ont été les plus actifs. Si, après la paix, leur prédominance se maintient ils atténueront les influences individuelles souvent fort égoïstes.

****

Ténacité, solidarité, discipline sont des qualités de caractère qui donnèrent toujours aux peuples une grande force. Aucune qualité intellectuelle ne saurait les remplacer.

****

L'âge moderne représente le triomphe de la médiocrité collective.

CHAPITRE V
LES FORCES INTELLECTUELLES.

Créatrice de toutes les découvertes qui ont transformé l'existence des hommes, la raison possède un pouvoir très grand. Il ne le fut cependant jamais assez pour déterminer la conduite des peuples.

***

La logique rationnelle bâtit la science, mais ne joue qu'un faible rôle dans la genèse de l'histoire.

***

Ce n'est pas avec la raison, et c'est le plus souvent contre elle, que s'édifient les croyances capables d'ébranler le monde.

***

Guidée seulement par la raison, l'Allemagne aurait vu que, sans combats et par la simple extension d'une puissance industrielle due à sa richesse houillère et à son éducation technique, elle imposerait son hégémonie à l'Europe. Dominée par son rêve d'ambition mystique elle ne le vit pas.

***

Les gouvernants qui prétendent n'avoir que la logique rationnelle pour guide arrivent vite à l'incohérence.

En politique, le rationalisme sert surtout à revêtir d'une forme acceptable des appétits qui ne le sont pas.

***

Une des sources les plus fréquentes d'erreur est de prétendre expliquer avec la raison des actes dictés par des influences affectives ou mystiques.

***

La raison sert beaucoup plus à justifier la conduite qu'à la diriger.

***

Derrière les actes que la raison croit guider se trouve la formidable armée des atavismes qui les déterminent.

***

L'homme qui prétend n'agir que par raison se condamne à rarement agir.

***

L'intuition fait penser, la volonté fait agir, la raison sert surtout à expliquer.

***

Des idées mal élaborées engendrent des résolutions faibles et des actes médiocres.

***

Le monde est évidemment plus guidé par l'instinctif que par le rationnel. Mais alors que les philosophes allemands considèrent l'instinctif comme le meilleur guide des peuples, les philosophes latins admettent que le progrès de la civilisation consiste à soumettre de plus en plus l'instinctif au rationnel.

* * *

L'instinctif est un principe de vie, mais non de civilisation.

* * *

L'intelligence tendant souvent à paralyser l'action, il n'est jamais avantageux pour un peuple d'avoir plus d'intelligence que de caractère. Les Byzantins discutaient fort bien, mais agissaient fort peu, tandis que Mahomet était déjà dans leurs murs.

* * *

En matière de prévision, le jugement est supérieur à l'intelligence. L'intelligence montre toutes les possibilités pouvant se produire. Le jugement discerne parmi ces possibilités celles qui ont le plus de chance de se réaliser.

* * *

L'analogie, origine fréquente de jugements définitifs, alors qu'elle devrait être seulement créatrice d'hypothèses à vérifier, est une source de fréquentes erreurs. C'est en se guidant sur des analogies superficielles que les dirigeants de notre état-major accumulèrent tant de fautes et se refusèrent si longtemps à multiplier les canons et les munitions.

* * *

Si l'on s'entend peu dans les discussions, c'est que des esprits différents emploient les mêmes mots pour traduire des idées dissemblables.

***

Les personnes ayant l'habitude de tout critiquer sont généralement celles qui possèdent le moins d'esprit critique.

***

L'esprit critique est à la fois créateur de progrès et générateur d'inaction.

***

Ce n'est pas à la raison, mais au bon sens, qu'il eût fallu jadis élever un temple. Beaucoup d'hommes sont doués de raison, très peu de bon sens.

***

L'abondance de paroles inutiles est un symptôme certain d'infériorité mentale.

***

Les hommes de génie font la grandeur intellectuelle d'une nation, mais rarement sa puissance.

***

Les hommes de pensée préparent les hommes d'action. Ils ne les remplacent pas.

***

La pensée d'un grand homme ne vit pleinement qu'après sa mort.

CHAPITRE VI
LES INTERPRÉTATIONS DE L'HISTOIRE.

L'histoire comporte des témoignages, des principes et des méthodes. Il faut se défier des témoignages, douter des principes et n'accepter que les méthodes.

***

La notion de pourcentage devrait être à la base des observations psychologiques et sociales. Les faits isolés ne prouvent rien, seul leur degré de fréquence relative est important à connaître.

***

L'histoire de la guerre, telle que les Allemands l'écrivent. montre avec quelle facilité les auteurs déforment les faits quand ils contredisent leurs convictions ou leurs principes.

***

En attribuant aux intérêts économiques un rôle prépondérant, les théoriciens de la conception matérialiste de l'histoire oublient que ces intérêts se trouvent facilement balayés par des forces psychologiques dont les plus puissantes seront toujours les impulsions mystiques.

***

Une vision exacte mais fragmentaire d'un événement conduit à des interprétations inexactes dès qu'on l'applique à une autre partie du même événement.

****

C'est parce qu'elle se compose surtout de visions fragmentaires généralisées que l'histoire reste si incertaine.

****

Ce que contient souvent de plus sûr un livre d'histoire n'est pas le récit des événements, mais la mentalité de l'écrivain qui les raconte.

****

Les générations qui forgent l'histoire d'une époque ne surent jamais l'écrire. Les vivants n'ont un peu d'impartialité que pour les morts.

****

Les historiens voient généralement les événements passés à travers les idées du temps où ils vivent. C'est pourquoi les hommes et les doctrines populaires à une époque semblent exécrables à une autre. Le pape Alexandre VI et César Borgia furent sympathiques à leurs contemporains. Machiavel ne devint antipathique qu'après sa mort. La Saint-Barthélemy provoqua un tel enthousiasme dans divers pays que plusieurs médailles furent frappées pour la commémorer. Le pape fit reproduire sur les murs du Vatican, où on les voit encore, les détails du massacre.

****

Les textes, les médailles, les monuments permettent de reconstituer le squelette du passé, mais qui ne sait pas déterminer les sentiments et les idées dont ils dérivent ignore tout de l'histoire.

***

Création du passé, le présent est générateur d'avenir. Étudier les changements révolus permet souvent de pressentir les événements futurs. Demain est la floraison d'aujourd'hui et d'hier.

***

Un fait historique n'apprend rien, séparé de sa genèse.

CHAPITRE VII
LES EXPLICATIONS ET LES CAUSES.

Il n'y a guère de causes simples en histoire. Chacune est entourée d'un cortège d'éléments invisibles plus actifs que les causes visibles immédiates.

*****

Une des caractéristiques de mentalité primitive est d'attribuer des causes simples aux phénomènes.

*****

L'interprétation simpliste des causes a toujours faussé l'histoire. De grands événements comme la guerre mondiale ont rarement pour origine la volonté d'un seul homme. Les sources en sont profondes, lointaines et variées. La décision d'un souverain ne peut agir qu'après leur lente accumulation.

*****

Aux esprits supérieurs seuls apparaît l'extrême complexité des causes, la difficulté de les relier aux effets observés et l'impossibilité d'expliquer les origines réelles du phénomène le plus simple, la chute d'une pierre par exemple.

*****

Dans la genèse des phénomènes historiques les causes s'additionnent en progression arithmétique et leurs effets en progression géométrique. Des causes infimes peuvent donc, à certains moments, engendrer des effets considérables.

***

Examinée au point de vue de la raison pure, la guerre mondiale apparaît à sa naissance et durant son évolution comme un chaos d'invraisemblances. Elle contribuera à montrer aux théoriciens qui en doutaient encore le faible rôle joué par la raison sur les actions des peuples.

***

On ne saisit bien les origines de la guerre imposée par l'Allemagne qu'en lisant les dissertations de ses philosophes, de ses historiens et de ses économistes depuis un demi-siècle. Leurs conclusions sont nettement résumées dans cette déclaration récente d'un professeur germain : " L'Allemand a conscience de ses droits et de ses devoirs et il entend prendre la direction du monde ".

***

Le rôle du philosophe ne consiste pas à rechercher la valeur rationnelle des mobiles faisant mouvoir les hommes, mais l'influence que ces mobiles exercent.

***

Dans leurs interprétations le savant et l'ignorant débutent par des hypothèses. Mais alors que l'hypothèse est aux yeux du savant une simple supposition tenue pour provisoire jusqu'à sa vérification, elle constitue une certitude pour l'ignorant.

***

L'hypothèse admise sans contrôle retarde longtemps la découverte de la vérité.

CHAPITRE VIII
L'IMPRÉVISIBLE EN HISTOIRE.

L'obscure volonté des choses semble parfois supérieure à celle des hommes et déroute leurs prévisions. Quand la guerre cessa entre la France et l'Angleterre en 1815, ces pays avaient été en lutte pendant soixante ans sur une période de 127 années. Au moment de Fachoda, le conflit faillit se renouveler. Comment deviner alors que ces deux grandes nations deviendraient un jour alliées ?

***

Les événements imprévisibles ont été beaucoup plus nombreux pendant la guerre que les faits prévisibles. Personne, par exemple, ne prévoyait sa durée. On pouvait encore moins deviner l'accumulation de fautes psychologiques qui dressa presque tous les peuples de l'univers contre l'Allemagne, malgré son désir de maintenir une neutralité conforme à ses intérêts.

***

Longue serait la liste des événements réalisés contrairement à toutes les prévisions. Nul n'avait soupçonné la défaite de l'immense Russie par le petit empire japonais; et personne n'aurait pu supposer que la faible Belgique résisterait au puissant empire germanique. On eût moins présagé encore que l'Angleterre et l'Amérique, dépourvues d'armées et profondément hostiles au militarisme, constitueraient des puissances militaires de premier ordre.

***

Après la retraite de Charleroi, un esprit raisonnant selon les données de la psychologie, de la stratégie et de l'histoire, n'eût jamais prévu qu'une armée en retraite se retournerait brusquement et arrêterait net l'élan d'un envahisseur victorieux.

***

Un événement est imprévisible quand chacune des possibilités dont il dépend offre des chances de réalisation presque égales. Les Allemands reconnaissent que la prolongation de la guerre leur eût été impossible s'ils n'avaient, à ses débuts, conquis le bassin de Briey dont la défense était facile. Les Alliés n'auraient pu également continuer à lutter si l'Amérique avait, comme les Allemands l'espéraient, interdit l'exportation du fer qui nous manquait. De tels événements échappaient évidemment à toutes les prévisions.

***

Il restera toujours inexplicable que l'Allemagne n'ait pas compris l'intérêt immense qu'elle avait à ne pas obliger les États-Unis à lui déclarer la guerre. Tout l'or des Alliés serait passé progressivement en Amérique et le moment approchait où, leur crédit étant épuisé, ils n'auraient pu se procurer l'acier et le matériel que seuls les États-Unis étaient en mesure de fournir.

***

L'Allemagne avait intérêt à attaquer sa rivale redoutée l'Angleterre, à envahir la France pour conquérir ses richesses, mais on cherche vainement quel pouvait être son but en attaquant la Russie dont l'industrie, le commerce et la banque étaient entre ses mains au point que beaucoup de

Germains considéraient ce pays comme une colonie allemande. Impossible de comprendre un tel événement quand on ignore ses causes mystiques.

***

Les Allemands avaient prévu bien des choses avant de déclarer la guerre, sauf cependant les plus essentielles, telles que la résistance des Français, les interventions de l'Angleterre, de l'Italie et de l'Amérique.

Livre II
Pendant les Batailles

CHAPITRE I
LA GENÈSE PSYCHOLOGIQUE
DES GRANDS CONFLITS.

Les causes immédiates d'une guerre n'ont qu'un intérêt secondaire. Il faut plonger dans ses causes lointaines pour découvrir sa genèse.

***

Les éléments rationnels jouent en général un rôle peu important dans l'origine des conflits qui remplissent l'histoire.

***

La raison se borne uniquement à servir les forces affectives, mystiques ou collectives qui sont les vrais moteurs des grands conflits.

***

Les sentiments les plus actifs dans la genèse des guerres sont l'orgueil, l'ambition, la méfiance et la haine.

***

La méfiance, plus encore que la haine, a été depuis cinquante ans le sentiment dominant les relations entre peuples européens. Elle les a conduits à des armements dont l'exagération rendait la guerre inévitable.

***

On peut ramener à un petit nombre de causes les grands conflits de l'histoire : 1° Causes biologiques telles les impulsions de la faim qui déterminèrent jadis les invasions germaniques destructrices de la civilisation romaine. 2° Causes affectives telles la jalousie, la haine, la cupidité et surtout l'ambition. Les guerres de Cent Ans et de Sept Ans sont des guerres d'ambition. 3° Causes mystiques telles les influences supposées de puissances supérieures ordonnant aux fidèles de conquérir le monde. Elles déterminent les invasions musulmanes, les croisades, les guerres de religion, la guerre de Trente Ans, et la guerre actuelle. 4° Causes économiques telle la surproduction industrielle suscitant des rivalités commerciales.

***

La puissance militaire se met indifféremment au service des influences biologiques, affectives, mystiques et économiques.

***

Les dirigeants allemands réussirent à rendre la guerre populaire en lui attribuant pour cause la nécessité de se prémunir contre l'invasion russe redoutée depuis longtemps, puis contre le désir supposé de revanche des Français, enfin contre la menaçante rivalité économique de l'Angleterre. La crainte de l'invasion russe fut la. principale cause déterminante de l'adhésion unanime des Allemands. Seuls leurs chefs connaissaient assez la désorganisation de la Russie pour savoir qu'elle n'était pas redoutable.

***

Il est bien rare que les peuples se battent avec acharnement pour des intérêts purement matériels. Les plus grands peuples en conflit aujourd'hui, les États-Unis notamment, combattent pour des principes.

CHAPITRE II
ÉLÉMENTS PSYCHOLOGIQUES
DES BATAILLES.

L'histoire des peuples se compose surtout du récit de leurs batailles. Les périodes de paix furent des accidents éphémères.

***

Les guerres utilisent des armes matérielles, mais leurs vrais moteurs sont des forces psychologiques. Chaque canon, chaque baïonnette, est enveloppé d'une atmosphère de forces invisibles dirigeant les sentiments et les actions des combattants.

***

Napoléon disait à Sainte-Hélène que la destinée d'un pays dépend parfois d'un seul jour. L'Histoire justifie cette assertion, mais montre aussi qu'il faut généralement beaucoup d'années pour préparer ce seul jour.

***

Pas d'armée puissante sans un idéal pour guide. Amour de Rome chez ses légionnaires, appât du butin chez les reîtres du Moyen Age et les Germains de toutes les époques, amour de la gloire chez les soldats de Napoléon, religion du devoir chez les volontaires anglais, amour de la patrie chez les Français actuels.

***

Les mobiles d'action des armées ont varié à travers les âges. L'espoir du butin et la peur du châtiment, seuls facteurs psychologiques utilisés par les anciens chefs, n'ont d'influence aujourd'hui que chez des races dont la civilisation n'a pas effacé encore les primitifs instincts.

***

Les actions collectives, dont le rôle social était déjà si grand, tendent à prendre une influence prépondérante dans les batailles modernes. Celle de la Marne est une bataille collective.

***

La force d'une armée tient surtout à ce que l'homme en foule perd son égoïsme individuel pour acquérir un égoïsme collectif.

***

Toute-puissante dans la vie sociale, la contagion mentale représente également une des bases les plus sûres de la conduite du soldat. Elle est la véritable créatrice de la cohésion et de la solidité d'une armée.

***

La force de résistance d'un peuple grandit immensément quand il a pour ennemi un dévastateur sans pitié, menaçant les faibles d'une servitude sans espoir.

***

Ne reconnaître dans une guerre ni lois, ni traités, est assurément un avantage momentané pour l'envahisseur, mais il crée chez les vaincus une accumulation de haines à laquelle ne peut résister aucun vainqueur.

***

L'expérience semble prouver que dans les guerres modernes de tranchées les armées s'usent lentement par le fait seul de la défensive. L'usure complète constituerait la défaite.

***

Une défaite n'est rien si le vaincu ne désespère pas. On a justement fait remarquer qu'aucun peuple ne subît plus de défaites que les Romains. Appuyés cependant sur la constance de leur volonté, ils finissaient toujours par triompher.

***

La guerre est surtout une lutte de volontés.

***

Dans les batailles prolongées et indécises, où l'équivalence des forces crée l'équivalence des lassitudes, le succès appartient forcément à celui qui sait prolonger la lutte quelques instants de plus que son adversaire.

***

La guerre a révélé que prévoir et oser étaient les qualités qui manquaient le plus aux généraux médiocres.

CHAPITRE III
L'ÂME NATIONALE ET L'IDÉE DE PATRIE.

L'âme d'une race régit sa destinée. il faut des générations pour la créer, et parfois peu d'années pour la perdre.

***

L'âme collective d'une foule diffère beaucoup de l'âme collective d'une race. La première est transitoire, la seconde permanente.

***

Les grandes nations modernes sont des agrégats de races diverses, dont l'âme a été unifiée par un long passé de vie commune, d'intérêts, de croyances et de sentiments identiques.

En raison de leur structure psychologique dissemblable, les races sont diversement impressionnées par les mêmes sujets. Sentant et agissant de façons différentes, elles ne sont pas accessibles aux mêmes évidences et ne sauraient dès lors se comprendre.

***

C'est la supériorité de son âme ancestrale qui distingue le civilisé du barbare. L'éducation ne saurait donc les égaliser.

***

La race est la pierre angulaire sur laquelle repose l'équilibre des nations. Elle représente ce qu'il y a de plus stable dans la vie d'un peuple. Des croisements répétés pouvant la dissocier, l'influence des étrangers est fort dangereuse. De tels croisements détruisirent jadis la grandeur de Rome. Elle perdit sa puissance en perdant son âme.

***

Les traditions nationales représentent un des principaux éléments fixateurs de l'âme des peuples. Sans elles, chaque génération devrait recommencer à chercher péniblement des guides pour orienter sa conduite.

***

L'évanouissement de l'âme individuelle transitoire dans l'âme permanente de la race, sous l'influence d'un grand péril national, fortifie considérablement l'unité mentale d'un peuple.

***

Quand l'intérêt de la race se substitue entièrement chez un peuple à l'instinct de la conservation individuelle, la résistance de ce peuple à ses agresseurs devient infinie. On peut le détruire, on ne le soumet pas.

***

Le patriotisme est la plus puissante manifestation de l'âme d'une race. Il représente un instinct de conservation collectif qui, en cas de péril national, se substitue immédiatement à l'instinct de conservation individuelle.

***

La patrie reste une abstraction un peu vague pendant la paix. Sa puissance apparaît seulement quand elle est menacée. Dégagée alors du voile mystique qui l'enveloppait, elle devient une réalité assez forte pour transformer la conduite d'un peuple.

***

La patrie n'est pas constituée seulement par le sol où nous vivons, mais aussi par les ombres des aïeux qui continuent à vivre en nous et contribuent à élaborer notre destinée.

***

Défendre la patrie, c'est pour un peuple défendre à la fois son passé, son présent et son avenir.

***

Le patriotisme acquiert toute sa valeur en devenant mystique. Qui ne serait patriote que par raison le serait fort peu.

***

Un peuple chez lequel s'affaiblit l'idée mystique de patrie disparaît de l'histoire sans même avoir le temps de parcourir toutes les étapes de la décadence.

***

Les guerres sont les plus sûrs agents de consolidation d'une âme nationale.

***

Les États-Unis avaient atteint le faîte de la puissance industrielle et commerciale, mais leur âme nationale n'était pas encore très stable. La guerre l'aura définitivement fixée.

***

Les conspirations allemandes en Amérique ont prouvé la difficulté pour un peuple d'absorber des éléments étrangers. Si les vivants peuvent fondre leur langue, leurs moeurs et leurs intérêts. les morts qui les guident restent rebelles à cette fusion. On ne change pas de race en changeant de latitude.

***

L'âme des races a des frontières qui ne se franchissent pas.

***

La patrie ne se défend bien qu'avec des qualités ancestrales. Il suffisait à l'Angleterre d'une organisation habile pour créer en deux ans une armée bien équipée, mais pour infuser à cette armée les qualités de ténacité et de vaillance capables de transformer des volontaires indécis en vétérans intrépides, il fallait l'influence de la race. Les régiments et les canons se créent en quelques mois. Des siècles sont nécessaires pour forger le coeur des hommes qui les manient.

***

La guerre révèle à un peuple ses faiblesses, mais aussi ses vertus.

***

La guerre transformerait certains peuples au point de changer le futur déroulement de leur histoire s'ils pouvaient conserver pendant la paix une faible partie des qualités manifestées pendant la guerre.

***

Les guerres provoquées par des haines de races peuvent se reculer, mais ne s'évitent pas.

CHAPITRE IV
LA VIE DES MORTS
ET LA PHILOSOPHIE DE LA MORT.

Les qualités de caractère qui font la grandeur d'un peuple sont l'oeuvre de ses aïeux. L'âme des vivants est façonnée par celle des morts.

***

Dans les grands conflits, pouvant décider du sort d'un peuple, l'invisible armée des morts guide les gestes des combattants. La bataille de la Marne fut gagnée par des morts. Ils étaient là plus nombreux que les vivants, ceux de Tolbiac, de Bouvines, de Marengo et de toutes les gloires passées, pour empêcher la France de sombrer dans l'abîme où semblait la pousser un sinistre destin.

***

Les volontés des vivants ne luttent pas facilement contre celle des morts.

***

En Angleterre, l'opinion des morts est plus puissante que celle des vivants. Le gouvernement anglais en fit l'expérience pendant la première année de la guerre. Conquérir l'âme des morts à travers celle des vivants fut sa plus difficile tâche.

***

L'inconscient, où s'élaborent les motifs de beaucoup de nos actes, représente une condensation de l'âme des aïeux.

***

Les morts doivent avoir leur place dans la direction d'une société, mais il ne faut pas que leur puissance soit trop tyrannique, car, ne pouvant progresser, ils tendent à paralyser le progrès.

***

La discipline interne créée par les morts est toujours moins dure que la discipline externe imposée par des vivants. Les individus et les peuples ne possédant pas la première doivent se résigner à subir la seconde.

***

Quand l'homme écoute l'âme de sa race, le sens de la mort devient nouveau pour lui. Il comprend alors que sous l'éphémère se cache la durée, et que la perpétuité refusée à l'individu est accordée à la race dont il représente un fragment.

***

La mort n'est qu'un déplacement d'individualités. L'hérédité fait circuler les mêmes âmes à travers la suite des générations d'une même race.

***

Nos actes ne sont éphémères qu'en apparence. Leurs répercussions se prolongent parfois pendant des siècles. La Vie du présent tisse celle de l'avenir.

Nos formes transitoires recèlent un contenu éternel. Héritier d'un long passé, chaque être, momentanément surgi sur la ligne du temps, renferme un nombre immense de générations attendant l'heure d'échapper à leur provisoire néant.

CHAPITRE V
CHANGEMENTS DE PERSONNALITÉ CRÉÉS PAR LA GUERRE.

Les éléments psychologiques fondamentaux d'une race restent permanents. Les éléments secondaires possédés par les diverses individualités qui la composent sont mobiles. De leurs combinaisons résultent des équilibres nouveaux, générateurs de personnalités nouvelles.

*****

Ce que nous connaissons des êtres qui nous entourent et ce qu'ils en connaissent eux-mêmes représente seulement une de leurs personnalités possibles.

*****

Canalisée par l'habitude et la constance du milieu, notre âme journalière change peu. Il est donc impossible de prévoir les personnalités qui surgiront sous la nécessité impérieuse d'une adaptation à des circonstances imprévues.

*****

Tout être porte en lui des possibilités latentes de caractère léguées par ses divers aïeux, que les événements font surgir.

*****

L'homme peut généralement plus qu'il ne croit, mais il ne sait pas toujours ce qu'il peut. Les circonstances seules lui révèlent ses capacités ignorées.

***

Les discours ne traduisent pas la véritable personnalité de chaque être. Seuls ses actes le révèlent, quelquefois même a ses propres yeux.

***

Quand, sous l'influence d'excitations puissantes, les équilibres de l'organisme mental sont modifiés, l'homme peut se transformer au point de devenir méconnaissable pour lui-même. A sa personnalité ancienne s'est substituée une personnalité imprévue.

***

Pour que puissent naître des personnalités nouvelles, il faut que les équilibres habituels de l'organisme mental soient désagrégés par des événements troublant violemment les rapports de l'être avec son milieu.

***

La guerre est un puissant excitant de toutes les énergies, celles du bien comme celles du mal. Elle stimule à la fois les vertus, les vices et l'intelligence.

***

Les qualités développées par la guerre sont de celles qui élèvent l'homme au-dessus de lui-même : l'héroïsme, la ténacité, l'esprit de sacrifice, la vaillance et surtout la continuité de l'effort.

***

L'homme de la vie journalière est généralement guidé par son égoïsme individuel. L'homme des batailles par les intérêts collectifs de sa race.

Chapitre VI
Les formes du courage.

La résistance au sentiment naturel de crainte produite par le danger constitue le courage. Si le danger, tout en restant menaçant, cesse d'être immédiat, le courage nécessite de la persévérance.

***

Le courage militaire a beaucoup évolué dans le cours de l'histoire. Des héros antiques aux barons féodaux, nul guerrier n'osait affronter d'inoffensifs javelots et d'incertaines flèches sans la protection d'une pesante armure. La tempête de fer à laquelle le soldat moderne s'expose sans protection les eût fait reculer d'horreur.

***

Jadis un moment d'héroïsme suffisait pour assurer l'immortalité. Conquérir aujourd'hui une ligne de tranchées exige une continuité du courage inconnue aux guerriers d'Homère. Achille est célèbre depuis trois mille ans pour des exploits qui, de nos jours, ne lui vaudraient pas la croix de guerre.

Les guerres modernes ont substitué au courage intermittent et irréfléchi le courage continu et prudent. Beaucoup plus utile que le premier, il est plus difficile à créer.

***

L'héroïsme silencieux des luttes souterraines d'aujourd'hui et celui de l'aviateur perdu dans l'immensité sont bien supérieurs aux héroïsmes éclatants mais momentanés des anciennes batailles.

***

Le courage discontinu n'est transformé par l'habitude en courage continu que si les dangers répétés sont semblables. Tel qui se montre héroïque à l'assaut sera effrayé par un engin ignoré.

***

Le courage devant un danger imprévu exige une volonté forte nécessitant une dépense nerveuse qui ne saurait se prolonger et ne peut être réparée que par un long repos.

***

Savoir transformer en habitude un danger, une fatigue, un ennui, c'est les rendre facilement acceptables.

***

L'attention n'étant pas divisible peut être dérivée, On détourne utilement les préoccupations du soldat par des exercices variés et continus.

Chaque groupe militaire finit par posséder une bravoure collective. Elle demande toujours un certain temps pour se former.

***

Un homme courageux, sorti de son groupe et placé dans un autre où il est inconnu, perd parfois beaucoup de sa bravoure.

***

Une même collectivité militaire peut osciller de la peur à l'héroïsme, suivant le chef qui la commande.

***

Convaincre une troupe de sa supériorité, c'est lui insuffler un héroïsme continu, générateur de succès.

***

Une des infériorités psychologiques de la défensive est de déprimer le courage, alors que l'offensive le stimule.

***

La tranchée a prouvé que la valeur se mesure à la ténacité, l'endurance, l'initiative, le courage, la volonté, le jugement, qualités que n'enseignent pas les livres et qui dépendent uniquement du caractère.

***

L'héroïsme n'a pas de caste.

CHAPITRE VII
L'ART DE PERSUADER
ET L'ART DE COMMANDER.

L'âme du chef faisant celle du soldat, une troupe qui perd le chef sachant la commander perd en même temps sa cohésion et prend bientôt l'inconsistance d'une foule.

***

Les galons facilitent le commandement, mais ne créent pas l'art de commander.

***

Les grades n'établissent qu'une hiérarchie factice souvent illusoire en temps de guerre. La valeur morale seule peut créer l'obéissance, le respect et le dévouement chez les subalternes.

***

L'art de commander n'est complet que s'il a pour soutien l'art de persuader.

***

Les traités de rhétorique donnent des règles pour composer des discours, ils ne sauraient enseigner l'art de persuader.

Dans les harangues destinées à persuader une collectivité on peut invoquer des raisons, mais il faut d'abord faire vibrer des sentiments.

***

La raison convainc quelquefois pour un instant, elle ne fait pas agir. Les grands meneurs d'hommes y ont rarement recours.

***

Le maniement des lois psychologiques conduisant les foules est indispensable pour inculquer à une collectivité l'esprit de corps.

***

On accroît énormément la Valeur d'une troupe en créant chez elle l'esprit de corps. Grâce à lui certains régiments acquirent pendant la guerre une réputation telle qu'on avait toujours recours à eux dans les circonstances où il fallait des hommes ne fléchissant jamais.

***

Dans une troupe possédant l'esprit de corps, la gloire et l'émulation sont collectives. Ces sentiments s'étendent par contagion mentale aux unités nouvelles introduites dans cette troupe, à la condition que les hommes incorporés ne soient pas trop nombreux.

***

La confiance du soldat dans ses chefs est un des plus importants éléments de sa valeur.

***

Au chef dont l'âme est en communication intime avec celle de ses hommes la parole est inutile : un geste, un regard suffisent.

***

Entretenir la bonne humeur et la gaieté chez des soldats que la mort menace à chaque minute est un art qu'aucun chef ne doit ignorer.

***

Certains mots accroissent les énergies et rendent le soldat invincible. Il faut être déjà un grand chef pour les penser et les dire.

***

On agit facilement sur les hommes isolés en faisant appel à leurs intérêts, c'est-à-dire à leur égoïsme. Les multitudes n'étant pas égoïstes, il faut, pour les séduire, utiliser d'autres mobiles.

***

L'affirmation, la répétition, le prestige et la contagion constituent les grands facteurs de la persuasion, mais leurs effets dépendent de celui qui les emploie.

***

Pour persuader il faut, suivant les cas, s'adresser aux influences affectives, mystiques ou collectives qui mènent les hommes, et fort peu à leur intelligence.

***

La controverse est rarement un moyen de persuasion. Contredire une opinion ne fait souvent que la fortifier. Les idées d'un adversaire se modifient en l'amenant à se convaincre lui-même par une série de suggestions et de réflexions qui germent lentement ensuite dans l'inconscient. Les femmes connaissant d'instinct ce procédé persuadent facilement.

***

Un orateur change aisément l'opinion de ses auditeurs, mais son influence étant éphémère, il agit peu sur leur conduite.

***

Les votes d'une assemblée immédiatement après un discours ou le lendemain de ce discours sont souvent fort différents.

***

En subjuguant les coeurs on domine facilement les volontés.

Livre III
La Psychologie des Peuples

CHAPITRE I
L'ÂME DES PEUPLES ET SA FORMATION.

L'âme d'un peuple représente une accumulation d'éléments ancestraux stabilisés par les siècles. Sur ce roc solide flottent les éléments mobiles des âmes individuelles créées par l'éducation et le milieu.

***

Un peuple n'atteint la stabilité qu'après avoir acquis une conscience collective. Cette acquisition exige parfois des siècles.

***

La vie d'un peuple, ses institutions, ses croyances, ses arts et ses luttes représentent la forme visible des forces invisibles qui le minent.

***

De la mentalité d'un peuple dérivent sa conduite et, par conséquent, son histoire.

***

On ne peut pressentir les réactions possibles d'un peuple qu'en étudiant ses actes dans les grandes circonstances de son histoire.

Les erreurs de prévision commises par les diplomates allemands sur la neutralité supposée de l'Angleterre et de la

Belgique ont montré l'impossibilité de pressentir la conduite d'un peuple dans les grands événements, d'après sa psychologie journalière.

***

Le caractère réel d'un peuple n'apparaît que dans les crises importantes de son histoire.

***

L'âme d'un peuple se lit très bien dans ses actes, très mal dans ses livres et ses discours.

***

Les écrits et les paroles représentent l'âme consciente de la vie journalière; les actes, l'âme inconsciente et stable créée par les aïeux.

***

Quelques années suffisent pour civiliser l'intelligence d'un peuple. Il faut des siècles pour civiliser son caractère.

***

Les transformations mentales entraînent rapidement des transformations matérielles.

Le progrès matériel de certains peuples est devenu destructeur de leur progrès moral.

***

Un peuple ne change pas son âme ancestrale, mais elle peut subir des orientations nouvelles, génératrices de succès ou de catastrophes. C'est ainsi que la mentalité allemande a changé d'orientation sous l'influence de trois facteurs: le militarisme, l'unification politique, l'éducation technique.

***

Un peuple peut transformer sa civilisation en adoptant la langue, les institutions et les arts d'un autre peuple. Il ne transforme pas pour cela son âme. Après la conquête normande les Anglais parlèrent longtemps français, mais restèrent Anglais. En latinisant les Gaulois Rome ne changea pas leur caractère.

***

Le Japon qui, en quelques années, passa de l'emploi des arcs et des flèches aux armes et à l'industrie modernes, n'eut pour s'assimiler une civilisation nouvelle qu'à utiliser les qualités de patience, de ténacité, de discipline léguées par ses aïeux. Il changea de civilisation, mais ne changea pas d'âme.

***

La nationalité peut être constituée par quatre éléments différents rarement réunis chez un même peuple: la race, la langue, la religion et les intérêts.

Les peuples ne possédant pas une âme ancestrale suffisamment stabilisée vivent dans l'anarchie et progressent peu. Ceux dont l'âme a été trop stabilisée ne progressent plus. Dans les temps modernes, les Russes représentent la phase de stabilisation insuffisante, les Chinois celle de la stabilisation trop complète.

***

A une certaine période de l'histoire d'un peuple les fautes de pensée, de caractère, de jugement et par conséquent de conduite restent sans remède. Elles deviennent créatrices de ces fatalités inexorables sous le poids desquelles de grands empires ont fini par succomber.

***

Substituer comme mobile d'action la gloire collective à la gloire personnelle est pour un peuple un important progrès moral.

***

Les nations ne se transforment que par l'évolution des aînés. C'est en lui-même et non hors de lui-même, qu'un peuple doit rechercher les causes de sa grandeur ou de sa décadence.

***

Dans les circonstances graves de l'histoire, les peuples voient souvent plus juste que leurs gouvernants. Ils voient alors par leurs morts.

L'âme d'un peuple, beaucoup plus que la volonté de ses dirigeants, détermine le régime politique qu'il peut accepter.

***

Faire naître, grandir ou disparaître des sentiments et des croyances dans l'âme des peuples est un fondement essentiel de l'art de gouverner.

Transformer la mentalité d'un peuple est parfois plus utile que d'accroître ses armements.

Conquérir le territoire d'un peuple ne suffit pas. Pour le dominer il faut encore vaincre son âme.

Chapitre II
Psychologie comparée
de quelques peuples.

Tous les peuples présentent un certain nombre de caractères communs, mais chacun d'eux en possède également de spéciaux qui les différencient. Telles, par exemple, la ténacité chez les Anglais, l'indécision et l'imprécision chez les Russes.

***

La vision des choses par un peuple dépend plus de son tempérament psychologique, c'est-à-dire de son caractère, que de son intelligence. Ce caractère conditionne la façon dont il réagit sous les excitations du monde extérieur.

***

Chaque peuple a un idéal de droit, de morale et de justice trop personnel pour être accepté par d'autres nations. L'ignorance de cette loi psychologique a créé la décadence de plusieurs colonies.

***

Certains caractères des peuples se maintiennent dans tout le cours de leur histoire. Jean de Saulx, vicomte de avanne, disait déjà sous Charles IX que la France, invincible quand elle reste unie, est le pays où l'on sait toujours pourvoir aux affaires alors qu'elles semblent désespérées.

***

Un peuple est libre de qualifier d'immortels les principes qui le guident, mais il n'a point le droit de les imposer à d'autres nations de mentalités différentes. Les métaphysiques politiques sont aussi respectables que les métaphysiques religieuses, à la condition qu'elles ne prétendent pas s'imposer par la force.

***

Bien que fort simple et régie par un petit nombre d'éléments, l'âme des Balkaniques resta au début de la guerre un mystère pour la plupart des diplomates européens, parce qu'ils s'obstinèrent à la juger d'après les règles de leur propre logique.

***

La guerre actuelle aura fourni des justifications nouvelles de cette loi historique qu'un peuple ne peut adopter les institutions, les arts, la langue, la religion d'une race différente, sans leur faire subir des transformations profondes. Les dieux eux-mêmes sont condamnés à de tels changements. Transporté en Chine, le Bouddha hindou prit rapidement les caractères d'une divinité chinoise. Parvenu en Angleterre, le Jéhovah biblique est devenu un Dieu anglais, gouvernant le monde au profit de l'Angleterre. Adopté par les

Germains, le Dieu charitable et doux des chrétiens s'est transformé en divinité sanguinaire et farouche, sans pitié pour les faibles, pleine d'égards pour les forts.

***

Avant la guerre l'Allemagne envahissait le monde avec son industrie, mais elle ne l'envahissait plus avec ses pensées. L'ère des grands philosophes, des grands écrivains y était close depuis longtemps.

***

L'Allemand même isolé reste toujours un être collectif. il n'acquiert de valeur que fondu dans un groupe. Chaque citoyen est une cellule du grand organisme: l'État.

***

La conscience de l'Allemand est une conscience collective dirigée par l'État, celle de l'Anglais et de l'Américain une conscience individuelle n'abandonnant à l'État qu'une faible partie d'elle-même.

***

Ce qu'on appelle germanisme est simplement la synthèse des appétits toujours engendrés chez un peuple par la conviction d'être assez fort pour s'emparer des territoires et des richesses de peuples supposés moins forts.

***

Il faut bien admettre que la culture germanique ne crée pas beaucoup de clairvoyance, puisque les partisans d'annexions territoriales ruineuses pour l'Allemagne se recrutent parmi les professeurs, les fonctionnaires et les industriels.

***

La Prusse a mis plus d'un demi-siècle pour façonner la mentalité de l'Allemagne au moyen de l'école et de la caserne, mais cette mentalité étant contraire à la nature de l'homme reste artificielle. Les Allemands finiront sûrement par constater que la gloire d'être à peu près les seuls défenseurs de l'absolutisme et de la violence coûte cher et rapporte peu.

***

La mentalité belliqueuse des Allemands semble pour le moment irréductible. Après trois ans de lutte mondiale, le ministre de la Guerre prussien a demandé au Reichstag des crédits pour une nouvelle école d'officiers, afin de préparer les futures batailles qui, suivant lui, succéderont à la guerre actuelle, le pacifisme n'étant qu'une utopie dangereuse.

***

Le célèbre mémoire de Bissing, gouverneur de la Belgique, mériterait d'être gravé sur le mur de nos écoles. Après avoir exposé que la Belgique doit rester sous le joug allemand, et considérant que le souverain dépossédé pourrait devenir gênant, Bissing recommande énergiquement de suivre le conseil de Machiavel : " Quiconque se propose de s'emparer d'un pays est contraint de se débarrasser du roi et du gouvernement, fut-ce par la mort ". On ne trouverait dans aucun autre pays un homme d'État moderne osant signer de pareilles lignes.

***

L'abîme mental entre l'Anglais et l'Allemand s'était déjà révélé avant la guerre dans leur conduite à l'égard des peuples conquis. L'Angleterre rendit la liberté au Transvaal vaincu. L'Amérique, après avoir organisé l'île de Cuba, la laissa se gouverner elle-même. Les Allemands, au contraire, en Pologne, en Alsace et dans toutes leurs colonies, n'ont jamais connu d'autre régime politique que la violence et se créent pour ennemis les peuples qu'ils gouvernent.

***

Si les Germains avaient soupçonné l'âme anglaise, ils eussent compris que leurs férocités en Belgique n'auraient d'autres résultats que d'indigner les Anglais au point de faire surgir du sol britannique des millions de combattants.

***

Peu soucieux des théories et de la logique, l'Anglais n'envisage que la réalité et tâche de s'y adapter.

***

Les peuples ont toujours hiérarchisé les valeurs d'après le degré d'utilité qu'ils leur attribuaient. Les Romains des premiers âges auraient mis l'aptitude à bien manier la lance très au-dessus de l'art de composer des chants homériques. Un général allemand serait, de nos jours, beaucoup plus fier d'incendier une cathédrale ou une bibliothèque que de découvrir une planète.

***

La férocité est un sentiment de race, spécial à certains peuples et que les siècles n'effacent pas. Le plaisir des anciens Assyriens à voir écorcher vifs leurs captifs est de même nature que celui des Balkaniques modernes torturant longuement leurs prisonniers et que la joie délirante des Allemands en apprenant le torpillage du *Lusitania*.

***

Les peuples dont la civilisation a trop adouci les moeurs et paralysé les qualités de caractère lutteront toujours difficilement contre des races douées à la fois de subconscience bestiale, de discipline rigide, du désir de conquêtes et de l'amour du pillage.

***

Une des caractéristiques de certains peuples est de n'avoir aucune stabilité, ce qui rend impossible de se fier à eux. On peut généraliser à leur égard l'observation faite par un ancien député au Reichstag, l'abbé Wetterlé, à propos de ses collègues polonais. " C'étaient tous des hommes de bonne compagnie et de commerce agréable, mais combien inconstants et peu sûrs. Je les ai vus passer de l'opposition la plus révolutionnaire au gouvernementalisme le plus échevelé, et cela d'un moment. à l'autre, sans motif apparent. ils menaçaient un jour de placer des bombes sous le siège du chancelier; le lendemain ils votaient d'enthousiasme des lois réactionnaires. On ne pouvait jamais compter d'une façon absolue sur le concours de ces personnages changeants. "

***

On s'expose à bien des erreurs dans l'interprétation de la conduite des peuples quand on oublie que toutes les âmes ne se mesurent pas avec le même mètre.

Chapitre III
L'incompréhension
entre races différentes.

L'incompréhension régit les rapports entre les êtres de race, d'éducation et de sexe différents, parce que les mêmes sensations et les mêmes mots éveillent chez eux des idées et des sentiments dissemblables.

***

La guerre a montré une fois de plus à quel point les peuples se connaissaient peu. L'Allemagne ignorait l'âme de la France et de l'Angleterre. Nous n'ignorions pas moins celle de l'Allemagne.

***

Les peuples ont appris par la lutte actuelle combien variait, suivant les races, le sens de certains mots abstraits : droit, liberté, justice, humanité, force et bien d'autres. Les philosophes le savaient déjà.

***

Un des plus frappants exemples d'incompréhension entre hommes de races différentes est fourni par ce fait que les socialistes allemands et français s'étaient rencontrés dans de nombreux congrès sans avoir jamais soupçonné leurs divergences d'idées, de sentiments et même de doctrines.

***

Possible dans le domaine des intérêts, l'internationalisme ne l'est pas dans celui des sentiments.

***

La persistance des haines de race tient à ce que les hommes de mentalités dissemblables réagissent de façons différentes sous des excitations semblables. Croyances, jugements, visions de la vie, tout chez eux diffère.

***

Si les idées des peuples étrangers ou des peuples morts sont souvent inaccessibles, c'est que nous ne pouvons les juger qu'à travers notre propre mentalité. Comment comprendre aujourd'hui, par exemple, un Romain divinisant les empereurs, les cités et même de simples abstractions comme la concorde ?

***

Les professeurs qui déclaraient autrefois le peuple allemand un admirable modèle le donnent aujourd'hui comme type de la barbarie, Ils auraient évité de telles variations d'opinion en étudiant ses doctrines philosophiques. Les conquêtes et les massacres des Germains sont, en effet, de simples applications des enseignements que propageaient depuis longtemps leurs livres.

***

L'âme d'un peuple nous est impénétrable quand elle s'écarte trop de la nôtre et surtout lorsque, n'étant pas encore stabilisée, elle varie sans cesse avec les circonstances. Les oscillations de l'âme russe nous restent pour cette raison incompréhensibles.

***

Pour se supporter, les êtres de mentalité différente doivent s'éviter. Dés qu'ils se fréquentent, leurs divergences psychologiques entrent en conflit.

***

Nous considérons volontiers comme privé de tout jugement l'homme qui n'a pas notre jugement.

CHAPITRE IV
RÔLE DES ILLUSIONS
DANS LA VIE DES PEUPLES.

Les illusions correspondent à d'irréductibles besoins de la mentalité humaine, puisque leur influence se montra toujours prépondérante à travers l'histoire. A toutes les époques des millions d'hommes se trouvèrent prêts à se sacrifier pour elles. C'est au nom d'illusions que de grands empires ont été détruits et d'autres fondés.

*****

Le faible rôle des influences rationnelles dans la vie des peuples est une des causes qui rendent si difficile d'en pressentir le cours. Si l'on éliminait de l'histoire les illusions et les fantômes, il n'y aurait plus d'histoire.

*****

Beaucoup d'esprits considéraient notre époque comme un âge positif n'obéissant qu'à la raison. L'expérience est venue prouver au contraire que le monde restait conduit par les plus chimériques utopies. Au nom de leur illusoire mission d'hégémonie les Allemands ont ravagé l'Europe, pendant que les pays envahis étaient victimes d'illusions d'un autre ordre, pacifistes et internationalistes, qui faillirent amener leur perte.

*****

La crédulité complète et non le scepticisme constitue l'état normal des individus et surtout des peuples.

***

Si les hallucinés n'avaient pas joué un rôle prépondérant dans l'histoire, le cours des événements eût été différent. Il n'est pas certain cependant que le monde y aurait gagné. L'erreur fut souvent un stimulant plus fort que la vérité.

***

Les peuples se passent plus facilement de pain que d'illusions. Subjugués par ces fantômes séduisants, ils oublient leurs intérêts les plus chers.

***

Dans la lutte éternelle contre l'illusion, la raison ne peut triompher sans l'aide du temps.

***

L'expérience seule est une destructrice rapide d'illusions, à la condition de revêtir une forme catastrophique. Elle rend alors l'erreur instantanément visible comme l'éclair illuminant la nuit.

***

Au moment où s'ébauchent dans le monde de nouvelles tentatives de pacifisme, il est utile de rappeler cette réflexion du président Roosevelt : les illusions pacifistes ont coûté à la France des torrents de larmes et de sang.

***

Le pacifisme est un générateur certain de guerres de conquêtes. Un peuple pacifiste n'étant pas redouté attire fatalement l'agression sur lui. Une nation bien armée se voit rarement attaquée.

****

Les illusions collectives cèdent à des nécessités, jamais à des raisonnements.

****

L'Allemagne restera pendant longtemps dangereuse parce que la coalition des peuples contre elle a grandi ses illusions et son orgueil. Incapable de comprendre les motifs de cette coalition, elle les attribue à une jalousie universelle causée par sa prétendue supériorité.

****

Ce que nous nommons le progrès des idées est souvent qu'une transformation des illusions créées par ces idées.

****

L'erreur étant généralement plus impressionnante que la vérité, les politiciens préfèrent l'erreur à la vérité.

****

Les forces matérielles combattues aujourd'hui sont redoutables, mais les illusions génératrices de ces forces plus redoutables encore.

****

Créatrices d'espérance et par conséquent de bonheur, les illusions seront toujours plus séduisantes que les réalités.

Pour détruire une erreur il faut plus de temps que pour l'établir.

***

L'art de manier des illusions est aussi nécessaire aux conquérants que l'art de manier les canons.

***

L'irréel est le grand générateur du réel.

Chapitre V
Les Opinions individuelles
et la conduite.

Au point de vue intellectuel, la valeur de l'homme dépend d'abord de son jugement, puis du nombre et de la précision de ses informations. Au point de vue de la conduite, elle dépend de son caractère.

***

L$_0$ véritable personnalité d'un individu ou d'un peuple réside moins dans son intelligence que dans son caractère.

***

L'homme intelligent sans caractère reste toujours un mené et ne devient jamais un meneur. Il est rarement le maître de sa conduite.

***

Les opinions que l'on professe exercent généralement une influence assez faible sur la conduite que l'on pratique.

***

Beaucoup d'hommes ont raison d'affirmer l'invariabilité de leurs opinions, mais tort de s'en vanter. C'est montrer qu'ils n'ont rien appris depuis le jour où elles se sont formées. Une preuve aussi évidente d'ignorance ou d'imbécillité ne s'affiche pas.

***

Rares sont les esprits capables d'édifier leurs opinions sur des réflexions personnelles. La race, le groupe social, le milieu, la profession, le journal suffisent le plus souvent à orienter les idées et alimenter les discours.

***

Penser collectivement est la règle générale. Penser individuellement l'exception.

***

La valeur attribuée à une opinion ne dépend pas généralement de sa justesse, mais du prestige possédé par celui qui l'énonce.

***

La plupart des êtres restent enveloppés d'un réseau d'opinions, de préjugés et d'erreurs qui leur voile les réalités, ils traversent la vie sans y percevoir autre chose que les visions de leurs rêves ou les récits de leurs livres.

***

Dans les grands cataclysmes sociaux, l'âme individuelle est tellement dominée par l'âme collective que les esprits les plus éminents perdent leurs facultés critiques et deviennent incapables de percevoir clairement aucune évidence.

Chez les individus, et surtout chez les peuples, les blessures d'intérêt s'oublient assez facilement. Celles d'amour propre ne se pardonnent pas.

***

Le remords, sentiment individuel, est ignoré des collectivités. Les pires crimes d'une nation trouvent chez elle autant de défenseurs que ses vertus.

***

S'ignorer vaut mieux parfois que se connaître.

***

La véritable connaissance de soi-même rendrait généralement fort modeste.

***

On rencontre beaucoup d'hommes parlant de liberté, mais on en voit très peu dont la vie n'ait pas été principalement consacrée à se forger des chaînes.

***

Nos vertus resteraient parfois bien incertaines si, à défaut de l'espoir d'une récompense, elles n'avaient la vanité pour soutien.

***

L'homme est le vrai créateur de sa destinée. Il reste une épave dans la vie quand il n'en est pas convaincu.

***

Les volontés précaires se traduisent par des discours, les volontés fortes par des actes.

***

Tâcher de modifier sa vie intérieure est plus utile au bonheur que d'user ses forces à poursuivre la transformation de sa vie extérieure.

Chapitre VI
Les opinions collectives.

L'opinion collective est devenue si puissante que les autocrates les plus absolus ne sauraient lui résister. Les peuples, et non leurs maîtres, dicteront bientôt la paix ou la guerre.

***

L'opinion publique représente une force considérable, mais rarement spontanée. Il faut des meneurs pour la créer ou l'orienter, surtout dans le cas de grands conflits.

***

S'annexer à un groupe, c'est prendre l'âme collective et les opinions de ce groupe. Dans les agglomérations aux contours bien nets : militaires, magistrats, professeurs, etc., l'identité des occupations et surtout la contagion mentale donnent à tous les membres de ce groupe des opinions collectives voisines.

***

Les enchaînements de la logique collective n'étant pas ceux de la logique rationnelle, les contradictions que ne supporterait pas la seconde sont acceptées facilement par la première.

***

Les foules raisonnent peu, mais sentent et réagissent vivement. Entre la sensation et la réaction, l'individu sait intercaler un raisonnement, l'homme en foule ne le peut pas.

***

Les mots et les images ont plus de pouvoir sur l'âme des multitudes que tous les arguments.

***

Une opinion fondée sur des sentiments collectifs peut être exacte, mais la raison n'a généralement aucune part dans sa genèse.

***

On a justement remarqué qu'en Russie les foules ne s'attachent pas aux idées, mais au verbe. En quelques minutes elles applaudiront avec enthousiasme des orateurs soutenant des opinions diamétralement contraires. La même observation pourrait s'appliquer à beaucoup de pays.

***

Quand l'homme auquel on veut confier la direction d'une affaire propose de se faire assidu pur un comité, il faut renoncer immédiatement à lui confier cette affaire.

***

En devenant collective l'erreur acquiert la force d'une vérité.

CHAPITRE VII
LES IDÉES DANS LA VIE DES PEUPLES.

Chaque civilisation avec ses institutions, sa philosophie, sa littérature et ses arts, dérive d'un petit nombre d'idées directrices. Elles impriment leur marque sur tous les éléments de cette civilisation.

*****

Transformer les idées d'un peuple c'est changer sa conduite, sa vie, et par conséquent le cours de son histoire.

*****

Bien que la guerre européenne ne semble mettre en jeu que des forces matérielles, des idées sont en réalité aux prises. L'absolutisme y lutte contre les aspirations démocratiques.

*****

La destinée d'un peuple dépend beaucoup plus des certitudes qui le guident que des volontés de ses gouvernants.

*****

L'Allemand moderne est plus dangereux encore par ses idées que par ses canons. Le dernier des Teutons reste convaincu de la supériorité de sa race et du devoir, qu'en raison de cette supériorité, il a d'imposer sa domination au monde. Cette conception, identique à celle professée longtemps par les Turcs à l'égard des Chrétiens, donne évidemment à un peuple une grande force. Il faudra peut-être une nouvelle série de croisades pour la détruire.

****

Les peuples qui prétendent se guider par des idées purement rationnelles seront toujours militairement inférieurs à ceux conduits par des croyances politiques, religieuses ou sociales, assez fortes pour créer des fanatismes collectifs.

****

Si l'idée allemande triomphait, la face du monde changerait parce que l'indépendance des peuples serait anéantie pour toujours.

****

La valeur politique ou sociale d'une idée ne doit pas se mesurer à son degré de vérité, mais aux dévouements qu'elle inspire. A en juger par les enseignements du passé et ceux de la guerre actuelle, les idées les plus fausses sont souvent celles qui impressionnent le plus profondément les âmes.

****

Pour se propager et devenir mobile d'action, une idée doit avoir un soutien sentimental ou mystique. L'idée purement rationnelle n'est pas contagieuse et reste sans force sur l'âme des multitudes.

****

Une idée vague et imprécise mais enveloppée de mystère exalte facilement, alors qu'une idée claire et précise reste souvent sans action.

***

Les événements qui bouleversent la vie des peuples changent fréquemment les idées évoquées par les mots. Des termes anciens un peu usés, tels que celui de patrie, acquirent soudain un vigoureux relief; d'autres jadis chargés d'espérances, tels que pacifisme et internationalisme, perdent tout prestige.

***

A force de se vanter des vertus qu'il n'a pas, un peuple finit par se persuader qu'il les possède.

***

Pour orienter la conduite d'un peuple, les idées n'ont pas besoin d'être justes, il suffit qu'elles possèdent du prestige.

***

Le pacifisme et l'internationalisme qui nous ont coûté si cher durent leur force aux erreurs séduisantes leur servant de soutien.

***

Les grands événements sont parfois générateurs d'idées contraires à celles qui les ont fait naître. Les théories allemandes sur le droit et la force seront sans doute tout à fait transformées par la guerre actuelle.

***

Les idées sont soumises, comme les êtres, au processus d'évolution qui condamne le monde à se transformer. Des idées directrices, justes à une époque, ne le sont plus à une autre. L'oubli de ce principe nous valut beaucoup d'erreurs militaires au début de la guerre.

***

On ne modifie les idées d'un peuple qu'en changeant ses formules. Des expériences répétées sont nécessaires pour déterminer de tels changements.

***

L'optimisme est, comme le pacifisme, la conséquence d'un état mental. L'optimisme fait l'homme plus heureux, le pessimisme le rend plus prévoyant. Si la France s'était préparée à la guerre annoncée par quelques pessimistes, mais que niaient des optimistes enveloppés de pacifisme, elle eut évité bien des ruines.

***

Les idées fausses sont les grandes dévastatrices de l'histoire. Les armes matérielles ne suffisent pas à les combattre.

***

Une idée fausse n'ayant à tenir compte ni des réalités, ni des vraisemblances, se présente généralement sous un aspect plus séduisant qu'une idée vraie.

***

Une idée fausse trouve facilement des milliers d'hommes pour la défendre. Une idée vraie en trouve généralement bien peu.

***

Quand une idée fausse envahit le champ de l'entendement, les expériences les plus démonstratives restent sans action sur elle.

***

Faire pénétrer une idée fausse dans l'âme des multitudes, c'est allumer un incendie dont nul ne peut prédire les ravages. Les dirigeants de l'empire allemand doivent en être persuadés aujourd'hui.

***

Si l'histoire des guerres enregistrait seulement celles provoquées par des idées justes, cette histoire serait fort courte.

***

La ténacité des idées fausses et leur danger sont mis en évidence par les congrès socialistes tenus en pleine guerre. On y vit d'incorrigibles théoriciens répéter inlassablement leurs erreurs sur le pacifisme et l'internationalisme, origines de nos désastres.

***

Quand les luttes militaires seront terminées, certaines idées, silencieuses aujourd'hui, entreront de nouveau en conflit. Des résultats de ce conflit entre les idées vraies et les idées fausses l'avenir des peuples dépend.

***

Les plus sanguinaires conquérants sont moins dévastateurs que les idées fausses.

CHAPITRE VIII
LA VIEILLESSE DES PEUPLES.

Il n'est. pas d'exemple, dans l'histoire, de nations ayant progressé toujours. Après une certaine phase de grandeur elles déclinent et disparaissent, ne laissant parfois que d'incertains vestiges.

***

Si les cycles de l'histoire doivent se répéter, toutes les nations seraient, comme celles du passé, condamnées à vieillir et disparaître. Le sable a recouvert les vestiges de Ninive. La gloire de Rome n'est plus qu'un souvenir.

***

Les peuples périssent, les oeuvres survivent quelquefois. Mais de la mort une vie nouvelle jaillit bientôt. Sur la poussière des races créatrices des pyramides sont nées des races nouvelles, riches de vérités inconnues des anciennes civilisations.

***

Ce qu'on appelle la vieillesse d'un peuple est une vieillesse mentale beaucoup plus que biologique.

***

La vieillesse d'un peuple commence lorsque, amolli par le bien-être et devenu incapable d'effort, il substitue l'égoïsme individuel à l'égoïsme collectif, cherche à obtenir un maximum de tranquillité avec un minimum de travail et se montre incapable de s'adapter aux nécessités nouvelles que les progrès d'une civilisation font toujours surgir.

***

Les peuples ne grandissent plus quand la vie leur devient trop facile. Rome ne progressa que pendant la période de ses luttes. L'âge de la paix et de la prospérité matérielle marqua les débuts de son déclin.

***

Il existe dans l'histoire des peuples des moments où le culte de la force, la passion du gain et la mauvaise foi peuvent constituer des éléments de succès, mais de tels succès entraînent bientôt la décadence. Carthage en fit jadis l'expérience. Malgré ses richesses et la puissance de ses armées, elle disparut de l'histoire en ne laissant d'autres vestiges que le mépris des peuples pour la foi punique.

***

Les vieillards, assurait Bacon, font trop d'objections, consultent trop longuement, risquent trop peu, regrettent trop vite, agissent rarement au moment propice et se contentent de succès médiocres. De tels défauts s'observent également chez des peuples dont diverses causes ont paralysé les énergies.

***

L'impuissance à se décider, la tendance à l'inaction et la peur des responsabilités sont des symptômes caractéristiques de sénilité chez les individus comme chez les peuples.

***

Il semblerait qu'arrivés à une certaine phase de leur existence, les peuples ne puissent progresser sans l'action de grandes crises bouleversant leur vie. Elles paraissait nécessaires pour les dégager de l'étreinte d'un passé devenu trop lourd, de préjugés et d'habitudes trop fixés.

***

Un peuple vieillit vite lorsque, ne sachant pas s'adapter aux nécessités nouvelles, il se laisse dépasser. A en juger par les statistiques industrielles, maritimes et commerciales, certaines nations étaient avant la guerre considérablement distancées par d'autres. La lutte actuelle sera peut-être un stimulant capable de réveiller les activités endormies.

***

Lorsqu'une catastrophe met en évidence l'usure et par conséquent l'insuffisance d'une ancienne armature sociale, la nécessité de la transformer s'impose. Bien dirigée, cette difficile opération rend à la société ébranlée une vie nouvelle. Mal conduite, et ce cas est le plus fréquent, elle engendre une anarchie qui, pour certains peuples, a marqué la fin de leur histoire.

***

Parmi les causes de destruction menaçant les civilisations trop vieilles, on peut citer l'accumulation des règlements régissant la vie sociale. Ils paralysent les libertés, les initiatives, et finalement la volonté d'agir.

***

95

Certaines professions créèrent à toutes les époques les mêmes déformations mentales. Machiavel se plaignait déjà de la paperasserie et de la routine des états-majors de son temps.

***

Le développement du pacifisme, chez un peuple entouré de nations avides de conquêtes, désagrège les ressorts de son activité et le conduit rapidement à être asservi.

***

Un passé de grandeur est toujours pour les peuples un lourd, parfois même un écrasant fardeau.

***

Le degré de vitalité des diverses nations sera plus visible encore au lendemain de la paix que pendant la guerre.

Livre IV
Facteurs matériels de la Puissance des Nations

CHAPITRE I
L'ÂGE DE LA HOUILLE.

Dans la phase d'évolution actuelle du monde, les actions des peuples et des rois sont dominées par des nécessités économiques beaucoup plus fortes que leurs volontés.

***

L'âge industriel a définitivement envahi le monde. La supériorité d'un peuple n'est plus caractérisée par le développement de sa philosophie, de sa littérature et de ses arts, mais par sa richesse en houille et sa capacité technique.

***

Dans tout le monde antique et jusqu'à une époque récente la puissance d'un pays dépendait beaucoup du nombre et de la capacité de ses habitants. Elle résulte principalement aujourd'hui de sa richesse en charbon.

***

L'évolution nouvelle de l'âge moderne se caractérise par le rôle de la houille. Sans utilité il y a deux siècles, elle est devenue si indispensable que la vie d'un pays s'arrêterait avec sa disparition. Plus de chemins de fer, plus d'usines, et en temps de guerre plus de canons.

***

La houille seule pouvait créer le machinisme rénovateur moderne de la civilisation.

***

Dans la vie des peuples, l'enchaînement des phénomènes finit par dominer toutes les volontés. La découverte de mines de houille permit à l'Allemagne la fabrication économique de produits d'exportation. Il en résulta une surproduction nécessitant la conquête de marchés lointains et, par voie de conséquence, la création d'une flotte puissante pour protéger ces exportations. Les ambitions germaniques grandirent et la réalisation de l'ancien rêve d'hégémonie parut possible.

***

La richesse d'un pays en charbon et en fer détermine aujourd'hui, non seulement le niveau de sa puissance militaire et industrielle, mais encore sa possibilité d'expansion commerciale.

***

Le rôle prépondérant du fer et du charbon dans les guerres modernes a été mis en évidence par le manifeste des six grandes associations industrielles de l'Allemagne affirmant que sans la conquête du bassin de Briey, au début de la guerre, la lutte n'aurait pu être continuée, faute du fer nécessaire aux munitions.

***

La puissance conférée à un pays par sa richesse en charbon résulte du fait que le travail annuel d'un ouvrier, coûtant environ 1.500 francs, peut être accompli par une quantité de houille valant 3 francs. L'ouvrier-houille coûte donc cinq cents fois moins cher que l'ouvrier humain .

***

La prospérité économique de l'Allemagne tient surtout à ce qu'elle extrait annuellement de son sol 190 millions de tonnes de charbon. Leur énergie mécanique représente le travail manuel de 950 millions d'ouvriers.

***

Tâcher d'accaparer l'énergie solaire comme le firent les plantes qui formèrent jadis la houille sera pour les peuples privés de charbon un des gros problèmes de l'avenir.

***

Un pays dont la richesse houillère est insuffisante ne peut fabriquer économiquement. Il se trouve par conséquent forcé de limiter ses exportations à des produits dont la fabrication exige une faible force motrice.

***

Accroître la production houillère d'un pays revient à augmenter le chiffre de ses travailleurs. Avec beaucoup de houille et peu d'habitants un peuple est plus riche et plus fort qu'avec peu de charbon et beaucoup d'habitants.

Chapitre II
Les luttes économiques.

Les luttes économiques sont parfois aussi ruineuses que les luttes militaires. L'histoire montre qu'elles engendrèrent la décadence de plusieurs pays.

***

Pas de progrès sans concurrence, et par conséquent sans luttes industrielles.

***

De nos jours, une lutte économique peut enrichir le vainqueur. Une lutte militaire le ruine pour longtemps. Les relations entre peuples seront transformées quand des expériences suffisamment répétées auront prouvé l'exactitude de cette vérité.

***

Un peuple envahissant progressivement une nation avec ses produits arrive à la dominer aussi complètement que s'il l'avait conquise par les armes. La dépendance économique crée vite la dépendance politique.

***

Les alliances militaires sont faciles, parce qu'elles associent des intérêts semblables. Les alliances économiques durables sont presque impossibles, les intérêts industriels et commerciaux des alliés n'étant pas identiques.

***

En matière industrielle et commerciale, aucune barrière douanière, aucune intervention de l'État, aucun règlement ne sauraient protéger utilement l'incapacité professionnelle et le défaut d'initiative.

***

Quand un peuple possède une industrie presque prospère, l'agriculture par exemple, il doit s'efforcer avant toute autre entreprise de rendre cette industrie entièrement prospère.

***

D'après les statistiques, la France malgré la qualité de son sol n'obtient, en raison de ses procédés inférieurs de culture, qu'une moyenne de 13 hectolitres de blé à l'hectare, alors que l'Allemagne et l'Angleterre en obtiennent 21 et le Danemark 27. La différence est du même ordre pour l'avoine et l'orge. Ne semble-t-il pas évident qu'améliorer notre culture serait autrement rémunérateur que de fabriquer péniblement pour l'exportation des marchandises rendues par la concurrence peu rémunératrices ?

***

C'est avec raison qu'un éminent défenseur de l'agriculture disait récemment qu'elle deviendra la pierre angulaire de la reconstitution nationale.

***

La capacité d'absorption commerciale des peuples lointains se réduit à mesure qu'ils progressent. Le Japon et bientôt le reste de l'Asie semblent devoir se fermer entièrement aux produits européens.

***

Dans les pays où l'industrie est restée individuelle, elle ne saurait lutter contre les associations formées à l'étranger.

***

Une des grandes forces de l'industrie allemande est d'avoir régularisé l'association des fabricants de produits similaires et rendu ainsi très économique la production.

***

Les associations d'industries semblables, généralisées depuis longtemps en Allemagne sous le nom de cartels, sont une condition nécessaire des progrès industriels modernes. Pour lutter utilement contre de nouvelles invasions commerciales, nos fabricants devront apprendre à s'associer au lieu de se combattre.

***

La lutte contre l'invasion des marchandises allemandes n'est possible que par la fabrication de produits similaires au même prix. L'établissement de barrières douanières supposées inviolables n'aurait d'autres conséquences que l'introduction, par les pays neutres, de produits fabriqués en Allemagne ou dans ces mêmes pays neutres par des Allemands. Ce serait enrichir à notre détriment d'autres peuples.

***

Il a fallu le conflit mondial pour révéler que le commerce allemand allait progressivement conquérir tous les marchés. On accumulera bien des discussions avant d'expliquer comment, avec une situation aussi exceptionnelle, les Germains ne firent pas l'impossible pour éviter la guerre.

****

Les futures tentatives d'hégémonie industrielle de l'Allemagne seront aussi redoutables que son rêve d'hégémonie militaire.

****

En attendant le jour où l'orientation des idées aura complètement changé, le monde verra sans doute les luttes économiques alterner avec les luttes guerrières et s'engendrer réciproquement.

****

Les guerres à main armée représentent un état transitoire, les luttes économiques un état permanent.

CHAPITRE III
LE CONFLIT ENTRE LES CONCEPTIONS CHIMÉRIQUES ET LES NÉCESSITÉS ÉCONOMIQUES.

Bien que souvent invisibles, les nécessités économiques sont les grandes régulatrices du monde moderne.

***

L'État avec son inexpérience, sa rigidité, son irresponsabilité et l'indifférence de ses employés, ne saurait intervenir dans les rouages compliqués du commerce sans les fausser entièrement.

***

Les théories politiques illusoires exercent parfois plus de ravages que les canons. Les conceptions socialistes sur le pacifisme, la lutte des classes, la destruction du capital furent les causes principales d'erreurs militaires et économiques sous le poids desquelles la France faillit succomber.

***

Oublieux de la puissance des lois économiques qui mènent le monde, la plupart des hommes politiques restent persuadés que les formules et les décrets issus de leurs craintes ou de leurs désirs peuvent changer le cours des choses.

***

Une des expériences les plus démonstratives du danger de violer les lois économiques est fournie par les résultats des taxations pendant la guerre. Elles contribuèrent à la disette de charbon et de divers aliments.

***

L'activité possible d'un peuple dépend de toute une série de facteurs indépendants de ses désirs : production de son sol, chiffre de sa population, aptitudes de sa race surtout.

***

Un pays qui, sous prétexte de se suffire à lui-même, refuserait d'acheter au dehors les matières premières : coton, soie, houille, etc., nécessaires à diverses industries, déterminerait la mort de ces industries et des commerces qui s'y rattachent.

***

Certaines exportations d'articles de luxe peuvent être facilitées par des sympathies internationales. Celles des matières premières indispensables, telles que la houille ou le coton, dépendent de nécessités impérieuses supérieures à tous les sentiments.

***

Prétendre cesser les relations commerciales avec un peuple qui peut seul obtenir économiquement certains produits indispensables constitue une illusion dangereuse.

Le boycottage des personnes est utile, celui des marchandises fabriquées souvent nécessaire, celui des matières premières impossible.

***

Supprimer le risque et la concurrence dans les entreprises industrielles, comme le rêvent encore les socialistes latins, serait tarir tous les progrès de la civilisation.

***

L'exploitation de nos richesses industrielles et agricoles après la guerre exigera un développement immense du crédit nécessitant une décentralisation financière d'où résultera la renaissance des anciennes banques provinciales que les grandes sociétés firent disparaître. Seules ces banques régionales peuvent apprécier la valeur des industries locales et par conséquent le crédit qu'elles méritent.

***

La diversité des conseils donnés par les théoriciens sur le sens de nos futurs efforts montre qu'ils tiennent plus de compte de leurs désirs que des possibilités économiques.

***

En poursuivant l'édification de sociétés imaginaires filles de la raison pure, les théoriciens préparent la décadence des nations où ils vivent.

L'établissement d'une ligue pour la paix semble facile parce que, malgré tous les enseignements de l'histoire, on suppose les alliances capables de survivre à des intérêts économiques contradictoires.

***

L'affirmation des diplomates allemands que les petits États doivent disparaître au profit des grands dérive d'une conception jadis exacte mais inapplicable à l'évolution économique actuelle du monde. Une fédération de petits États gardant leur indépendance est aujourd'hui possible alors que leur annexion ne saurait être maintenue que par une oppression militaire fort coûteuse.

***

Avec l'évolution des idées résultant de l'observation des faits, la domination de territoires étrangers, but principal de la guerre actuelle, apparaîtra bientôt comme une opération ruineuse dans le présent et sans profit pour l'avenir.

***

Développer la production et supprimer tous les obstacles dont les socialistes cherchèrent à l'entraver, devrait être le but essentiel de notre future politique.

***

Le premier ministre de la Grande-Bretagne disait au Parlement que l'avenir des peuples dépendra du parti qu'ils sauront tirer des enseignements de la guerre. Le monde est entré, en effet, dans une phase de civilisation où l'action des chimères serait aussi funeste que celle des plus destructives invasions.

CHAPITRE IV
LE RÔLE DE LA FÉCONDITÉ.

Du microbe jusqu'à l'homme, la fécondité fut toujours une cause, sinon de supériorité, au moins de prospérité. A l'époque des invasions germaniques qui détruisirent la civilisation romaine, l'inlassable fécondité des envahisseurs constitua leur principale condition de succès. Tués par milliers ils renaissaient toujours.

***

Tout peuple qui se développe avec excès devient fatalement envahisseur et destructeur des peuples dont la fécondité est moindre.

***

Un pays est redoutable pour ses voisins quand son sol ne lui procure plus une nourriture suffisante. La faim fut l'origine des grandes invasions qui bouleversèrent jadis l'Europe.

***

Si les hordes germaniques n'avaient pas autrefois pullulé sur un sol incapable de les nourrir, le monde n'eût connu ni la destruction de la civilisation romaine, ni les mille ans du moyen âge, ni la guerre actuelle.

***

Il est dangereux de ne prospérer que lentement auprès d'un peuple grandissant très vite. La guerre a prouvé l'importance de cette vérité.

***

La paix ne devra pas faire oublier les paroles suivantes prononcées au Reichstag: "Tous les idéaux humanitaires sont pour toujours ensevelis. Nous voulons ce dont nous avons besoin, et surtout de la terre pour nourrir de plus grandes masses d'hommes."

***

Les Allemands qui avant la guerre voyaient, sous l'influence de causes identiques à celles agissant en France, leur natalité commencer à décroître, n'en cherchaient pas le remède dans des procédés fiscaux, mais considéraient " qu'une politique de repopulation est avant tout une politique de colonisation des campagnes ".

***

La rivalité dans la fécondité est devenue pour certains économistes l'idéal à proposer aux peuples. Toute l'histoire des êtres, de l'insecte jusqu'à l'homme, et celle des invasions germaniques de l'antiquité à nos jours, démontrent que la surpopulation fut toujours une cause de guerres d'extermination et de conquêtes.

***

Darwin a insisté sur cette loi générale ne souffrant pas, dit-il, d'exception : les êtres se reproduisent dans une telle proportion que les descendants d'un seul couple d'animaux quelconques envahiraient rapidement le monde s'ils n'étaient pas régulièrement détruits en partie à chaque génération. Les êtres humains subissant cette loi sont obligés quand ils se multiplient trop ou de se détruire réciproquement, ou d'envahir les pays voisins.

***

La qualité de la population représente un facteur de progrès fort supérieur à sa quantité. S'il en était autrement les pays du monde les plus peuplés, tels que la Russie et la Chine, au lieu de rester demi-barbares, seraient à la tête de la civilisation.

***

Dans les civilisations de type industriel je succès appartient forcément aux peuples non les plus nombreux, mais les plus travailleurs, les plus disciplinés, les plus capables d'efforts collectifs, s'ils possèdent en même temps assez de fer et de houille.

***

Un grand pays sans charbon n'a pas intérêt à voir sa population s'accroître. L'Italie, dépourvue de houille, n'a pu devenir industrielle et semble destinée à rester pauvre.

Livre V
Facteurs psychologiques de la Puissance des Peuples

Chapitre I
Rôle de certaines qualités secondaires dans la vie des peuples.

Des qualités inutilisables à certaines périodes de la civilisation déterminent la prospérité d'un peuple quand de nouvelles conditions d'existence permettent leur utilisation.

***

Les supériorités littéraires, artistiques et intellectuelles furent dans certaines civilisations, celles des anciens Grecs et des Italiens de la Renaissance, par exemple, des éléments de grandeur. La patience, la ténacité, l'obéissance aux règlements et autres qualités jadis tenues pour médiocres constituent dans les civilisations à forme industrielle des conditions de succès.

***

L'âge moderne, avec sa technique compliquée et sa division du travail, exige des qualités de patience, de vigilante attention, de minutie, d'effort soutenu et de solidarité que des races individualistes à intelligence vive ne pratiqueront jamais facilement.

***

Le sentiment de la continuité est pour un peuple un élément de stabilité très lent à acquérir et sans lequel il ne saurait, cependant, ni durer ni grandir.

***

La force des peuples modernes dépend de moins en moins de leurs gouvernants. Elle se compose surtout d'une addition de millions de petits efforts individuels. Un pays devient grand lorsque tous ses citoyens travaillent à sa grandeur. Son déclin est rapide quand il abandonne à l'État les initiatives et les responsabilités.

***

Les succès d'un peuple sont dus aujourd'hui moins à la valeur de ses gouvernants, ou même de ses élites, qu'à certaines qualités, secondaires possédées par la majorité des citoyens.

***

Les supériorités individuelles peuvent parfois se remplacer par de modestes qualités collectives. Avec des poussières d'individualités médiocres les Allemands ont su faire des agrégats très forts.

***

La puissance d'un peuple exige des qualités communes à la grande majorité de ce peuple. La supériorité des élites ne suffit pas à déterminer sa grandeur.

CHAPITRE II
LA VOLONTÉ ET L'EFFORT.

La bataille de la Marne, qui sauva Paris de la destruction et représente le plus important événement de notre vie nationale, est un mémorable exemple du rôle dominateur de la volonté des hommes sur les prétendues fatalités de l'histoire.

***

Une des plus fécondes découvertes de la psychologie moderne est d'avoir montré que notre activité consciente constitue la manifestation superficielle d'une activité inconsciente beaucoup plus importante.

***

La volonté peut être consciente ou inconsciente. Dans la volonté inconsciente la décision arrive toute formée dans le champ de la conscience. La volonté consciente est au contraire précédée d'une délibération et par conséquent d'une évaluation des motifs.

***

La décision volontaire la plus réfléchie contient presque toujours une part de volonté inconsciente ayant contribué sinon à la faire naître, du moins à la fortifier. Quand le président des États-Unis déclara la guerre à l'Allemagne il est probable que dans la balance des motifs où se pèsent nos décisions vinrent inconsciemment agir des facteurs tels que l'utilité d'une armée en cas de conflit avec le Mexique ou le Japon, l'importance prépondérante du rôle à prendre pour les États-Unis dans les affaires du monde, etc. De ce bloc de motifs la décision belliqueuse finit par jaillir.

***

S'il existe parfois une grande divergence entre les actes d'un homme et ses propos, c'est que la volonté inconsciente peut différer nettement de la volonté consciente créée par des influences superficielles. On le vit au début de la guerre quand pacifistes et socialistes agirent d'une façon si opposée à leurs doctrines.

***

La volonté inconsciente créée par les aïeux, puis fortifiée par l'éducation et les influences du milieu, dirige les actes. La volonté consciente dirige surtout les discours.

***

La place de l'homme dans la vie est marquée non par ce qu'il sait, mais par ce qu'il veut et ce qu'il peut.

***

Les événements dominent les volontés faibles. Ils sont dominés par les volontés fortes.

***

Pour progresser, il ne suffit pas de vouloir agir, il faut d'abord savoir dans quel sens agir.

***

La clairvoyance est plus rare encore que la volonté.

$$***$$

La guerre a réveillé en France les vieilles énergies. Notre situation économique dans le monde dépendra de la continuité de nos efforts pendant la paix.

$$***$$

L'homme d'action est un constructeur ou un destructeur suivant la direction de ses efforts.

$$***$$

Le progrès naît de la continuité de l'effort; la décadence, du repos.

$$***$$

Le seul moyen d'obtenir la continuité de l'effort est de transformer cet effort en habitude par une éducation convenable. Ce n'est pas à l'instruction livresque qu'un tel résultat peut être demandé.

$$***$$

L'effort continu est un véritable créateur de miracles. Grâce à lui, un pays aussi peu militariste que l'Angleterre créa une armée de 4 millions de combattants et transforma toutes ses conditions d'existence.

$$***$$

Dans les guerres modernes où les grandes manoeuvres sont rares, l'intelligence organise la préparation, mais la continuité d'effort des combattants est une condition principale de succès.

***

L'évolution prochaine du monde conduira les peuples à compter un peu sur leurs alliances, mais beaucoup plus sur leurs propres efforts. Ayant expérimentalement appris la faible valeur du droit sans force, ils devront acquérir la puissance nécessaire pour ne jamais devenir des vaincus.

***

L'inaction morne de certains hommes rebelles à tout effort ne diffère pas sensiblement du repos de la tombe. Ces morts vivants n'ont de la vie que l'apparence.

CHAPITRE III
L'ADAPTATION

La loi de l'adaptation régit tous les êtres. Se transformer en s'adaptant ou disparaître est une nécessité universelle.

***

De même que chaque variation de climat entraîne une transformation profonde de la faune et de la flore, tout changement économique, religieux, politique ou social nécessite une adaptation nouvelle de la mentalité des peuples soumis à son action.

***

La contagion mentale est un puissant agent d'adaptation. On se plie inconsciemment aux modifications acceptées par l'entourage. Le difficile est de trouver ceux qui donneront l'exemple.

***

La vie mentale est conditionnée par deux influences prépondérantes, celle des milieux passés, dont l'hérédité entretient l'empreinte, et celle des milieux présents qui transforment graduellement les êtres. Ces deux influences sont indispensables. mais tout progrès est impossible si la puissance de l'une paralyse celle de l'autre.

***

La stabilité de l'âme d'un peuple, qui fait sa force dans la vie normale, l'entrave aux époques où une adaptation rapide est nécessaire. Ce fut le cas de l'Angleterre qui mit plus d'une année, après la déclaration de guerre, pour s'adapter à des conditions d'existence entièrement nouvelles.

***

L'adaptation rapide est toujours pénible parce que, si l'homme transforme avec peine ses manières de vivre, il change plus difficilement encore ses façons de penser.

***

Un peuple décline dès que son armature sociale est trop rigide pour se plier à des conditions nouvelles d'existence. Une des causes les plus fréquentes de la chute des grands empires fut cette inaptitude à s'adapter aux nécessités imprévues que les circonstances faisaient naître.

***

Chaque peuple ne peut absorber qu'une quantité limitée de civilisation.

***

Un des plus grands dangers menaçant une société est de contenir beaucoup d'individus restés à des phases d'évolution inférieure et par conséquent mal adaptés à l'état actuel de cette société.

***

L'âge moderne va devenir de plus en plus impitoyable aux inadaptés. Les nécessités nouvelles élimineront vite ces survivants d'époques disparues.

CHAPITRE IV
L'ÉDUCATION.

Les hommes se conduisant beaucoup plus avec leur caractère qu'avec leur intelligence, le but de l'éducation devrait être de dresser le caractère. Les Allemands connaissent cette vérité, notre Université semblait l'ignorer tout à fait.

***

L'éducation pourrait inculquer à l'élève l'esprit de corps en l'intéressant aux succès de sa classe autant qu'à ses propres succès. Il comprendrait alors que mieux vaut s'associer avec ses rivaux que les combattre. Très méconnu en France, ce principe constitue un des éléments de la puissance industrielle allemande.

***

L'éducation technique, la discipline de l'école puis de la caserne et l'aptitude à l'effort collectif rendent facile aux Germains l'exécution minutieuse du travail commandé. Ce n'est pas le maître d'école, mais le technicien qui permit l'expansion industrielle de l'Allemagne.

***

Un savant professeur a parfaitement résumé l'état de notre éducation technique en écrivant : " La guerre nous a forcés de créer en quelques mois un outillage chimique formidable, alors que nous nous refusions à perfectionner en temps de paix un matériel rudimentaire qui nous faisait prendre en pitié par nos concurrents. "

121

***

On saisit l'utilité de l'éducation technique à ne considérer même que l'enseignement agricole. Les spécialistes affirment que si nous obtenions en céréales le même rendement à l'hectare que les Allemands, dont le sol est pourtant inférieur à celui de la France, notre richesse annuelle serait accrue de deux milliards.

***

En France l'agriculture reste une des professions les moins considérées, alors qu'elle exige des connaissances plus variées que la plupart des autres. " L'homme sachant bien diriger une ferme serait capable de gouverner l'empire des Indes ", disait un ministre anglais.

***

La réforme de l'enseignement industriel et commercial, jugée d'une utilité absolue en Angleterre, serait encore plus nécessaire en France, mais elle s'y heurtera longtemps à l'opposition d'une Université qui prétend tout diriger bien que rebelle à tous les changements.

Le fouet à l'école, le bâton à la caserne, rendent les Germains capables d'obéir sans discussion aux ordres de leurs chefs. L'énergie développée pendant la guerre par. des peuples chez lesquels ces procédés sont inconnus prouve que l'âme humaine peut être disciplinée par des méthodes moins serviles.

***

Un ministre de la Guerre prussien affirmait, au cours du présent conflit, que la préparation militaire de la jeunesse à l'école doit avoir pour but non seulement de la rendre plus forte, " mais aussi de mettre un frein à l'esprit d'indépendance personnelle et d'initiative qui menace de dégénérer en un subjectivisme dissolvant dont périssent les démocraties ". Ces principes ne sont utiles que pour former des soldats prêts à se sacrifier aux ambitions d'un souverain.

***

Si l'égalité démocratique est réalisable, elle le sera seulement par un système d'éducation utilisant les capacités spéciales de chaque être et non par des institutions politiques.

***

Une des forces de l'éducation allemande est de savoir tirer parti, grâce à des enseignements variés, des aptitudes différentes de chaque élève. Une cause de faiblesse dans l'éducation latine est son enseignement identique appliqué à des mentalités dissemblables.

***

L'éducation ne devrait pas avoir pour but la récitation de manuels, mais la création d'habitudes de pensée et de caractère. L'enseignement purement mnémonique de nos Universités développe peu l'intelligence et nullement le caractère. Professeurs, parents et élèves ne l'ont pas encore compris.

***

Aucune amélioration possible de l'éducation en France si elle continue à être dirigée par des universitaires ne connaissant le monde qu'à travers leurs livres.

***

Une éducation purement intellectuelle devient vite une cause de décadence.

***

Les théories livresques ne fournissent qu'une conception déformée de l'univers, sans rapport avec les enseignements de l'expérience.

***

Les Anglais considèrent avec raison que certains jeux scolaires préparent très utilement à la vie. Une équipe sportive implique en effet : association, hiérarchie, discipline, qualités indispensables à une société qui veut prospérer.

***

Une des réformes futures les plus nécessaires sera d'inculquer à tous les jeunes Français le respect de la discipline. Elle était devenue nulle dans la famille, nulle à l'école, nulle dans les administrations, nulle dans les arsenaux, nulle enfin partout.

***

L'homme ne sachant pas se dominer lui-même y est contraint par les lois, mais cette discipline imposée ne vaut jamais la discipline interne que peut donner l'éducation.

***

La réforme de l'éducation constituera la tâche la plus urgente après la guerre. Bien que des esprits éclairés aient inutilement tenté de modifier notre Université, il ne faut plus désespérer d'y réussir en songeant que les grandes catastrophes sont génératrices de réformes que tous les discours du temps de paix ne pouvaient obtenir.

***

Une éducation capable d'accroître le jugement et la volonté est parfaite, quelles que soient les choses enseignées. Avec ces seules qualités, l'homme sait orienter sa destinée.

***

Mieux vaut comprendre qu'apprendre.

CHAPITRE V
LA MORALE.

Parmi les causes de la force d'un peuple figure au premier rang le degré de sa moralité. Lorsque la Russie se trouva sans munitions ni vivres, par la faute d'une série de ministres, de généraux et de bureaucrates prévaricateurs, elle comprit nettement le rôle de la morale dans la vie des nations.

***

La morale d'un peuple est l'oeuvre de son passé. Le présent crée les vertus de l'avenir. Nous vivons de la morale de nos pères et nos fils vivront de la nôtre.

***

Toute règle morale est d'abord une gêne, une contrainte qu'il faut imposer. La répétition seule en fait une habitude facilement acceptable.

***

Une moralité commerciale élevée donne à un peuple la supériorité sur des rivaux n'atteignant pas le même degré de moralité. Quand un éditeur, par exemple, inscrit sur la couverture d'un guide ancien une date récente pour tromper l'acheteur, ou qu'un fabricant réputé d'objectifs met sa marque sur un instrument médiocre, ils ne font que favoriser les concurrents étrangers tenant à jour leurs guides et vérifiant leurs instruments.

***

La guerre actuelle aura contribué à prouver que, même en politique, l'honnêteté est utile. L'Allemagne sait aujourd'hui ce que lui coûta la violation de ses engagements à l'égard de la Belgique. Les ministres russes qui trahirent leur patrie et occasionnèrent les désastres d'où sortit la révolution durent faire dans leurs cachots de sérieuses réflexions sur les avantages de la probité.

***

On citera pendant longtemps comme preuve de l'inintelligence des foules les socialistes russes complotant d'abandonner les Alliés, entrés en guerre uniquement pour défendre la Russie, sans comprendre que de tels projets déshonoraient leur pays et engendraient à son égard une méfiance qui l'empêcherait à l'avenir de trouver des alliés.

***

L'honnêteté raisonnée est de la sagesse, mais du fait seul qu'on la raisonne elle tend à ne plus être de l'honnêteté.

***

Un des plus sûrs résultats des manoeuvres diplomatiques allemandes fut de provoquer une méfiance universelle. L'Allemagne a détruit dans le monde toute confiance en ses discours. Elle souffrira longtemps de cette défiance désormais indestructible.

***

En méprisant, au nom de leurs théories philosophiques, toutes les lois morales pendant la guerre, les Allemands auront involontairement contribué à la création d'une morale internationale. Réunis pour se défendre, les peuples ont tellement insisté sur les principes pour lesquels ils luttaient que ceux-ci, jadis un peu vagues, finiront par s'incruster dans les âmes et inspirer un respect si universel qu'on n'osera plus les violer.

***

Suivant les philosophes allemands, la morale qui règle les rapports entre individus ne s'applique pas aux États. En leur qualité de souverains absolus, les gouvernements ne sont liés par aucun traité. On ne pourra évidemment attacher qu'une confiance bien limitée aux futurs contrats faits avec un pays professant de pareilles doctrines.

CHAPITRE VI
L'ORGANISATION ET LA COMPÉTENCE.

L'organisation résulte simplement de l'application des principes dominant toutes les sciences : dissocier les éléments générateurs d'un phénomène, les étudier séparément et rechercher l'influence de chacun d'eux. Pareille méthode implique division du travail, compétence et discipline.

***

D'Alexandre à Auguste et à Napoléon tous les esprits supérieurs furent de grands organisateurs. Aucun d'eux n'ignora qu'organiser ne consiste pas seulement à créer des règlements, mais aussi à les faire exécuter. Dans cette exécution gît la principale difficulté de l'organisation.

***

Pas d'organisation possible si chaque individu et chaque chose n'occupent pas leur vraie place. L'application de cette élémentaire vérité demande malheureusement une clairvoyance assez rare chez certains peuples.

***

La valeur d'une organisation quelconque dépend du chef placé à sa tête. Les collectivités, aptes à exécuter, sont incapables de diriger et moins encore de créer.

***

Appliquées à l'organisation d'oeuvres de prévoyance sociale, d'assurances, de retraites et d'éducation technique les habitudes de travail collectif et de discipline rendirent d'immenses services aux Allemands. Leur organisation de l'apprentissage, par exemple, empêcha chez eux la crise de la main-d'oeuvre si menaçante en France.

***

L'absence de coordination des services semble le plus irréductible défaut des administrations latines. Des générations de ministres ont vainement tenté d'y remédier. Ce défaut sévissait à tel point qu'à Paris une rue était dépavée et repavée trois à quatre fois dans le même mois, parce que les services du gaz, de l'eau et de l'électricité ne parvenaient pas à s'entendre pour faire en une seule fois cette opération. Pendant la guerre on vit des délégués officiels, envoyés en Amérique par deux ministères différents, se faire concurrence pour acheter les mêmes chevaux que, faute d'entente préalable., ils payaient quatre fois plus cher.

***

Multiplier les contrôles dans un service public c'est éparpiller tellement les responsabilités qu'elles finissent par disparaître. Ce qui est contrôlé par trop de personnes n'est jamais bien contrôlé.

***

La faible valeur de l'organisation des services publics dans certains pays ne tient pas seulement à l'indifférence des employés et à leur peur des responsabilités, mais à ce que la faveur remplace souvent la compétence.

***

Les Américains semblent avoir très bien saisi tous les secrets de l'organisation. Leur grand ingénieur Taylor a montré que dans la plupart des travaux d'usine on peut, en éliminant méthodiquement les efforts inutiles, obtenir les mêmes résultats avec beaucoup moins de fatigue. Quantité d'usines, même allemandes, sont maintenant organisées d'après ce principe.

***

La nécessité devient vite un puissant facteur d'organisation. Il est douteux que l'esprit de méthode réputé des Allemands soit supérieur à celui qui permit aux Anglais de former en deux ans une armée de 4 millions d'hommes avec ses officiers, ses munitions et tout le matériel compliqué des guerres modernes.

***

Une des causes de notre faiblesse économique et gouvernementale tient à ce que les industriels étaient mis chez nous à l'écart du gouvernement ou traités en suspects. Les nécessités de la guerre ayant rendu leur concours indispensable, on dut constater que des problèmes fort complexes furent, grâce à eux, facilement résolus. S'ils n'agirent pas toujours assez vite, c'est que la redoutable incompétence des bureaux entrava constamment leur action.

***

L'interview de l'administrateur général des vivres en Amérique serait utilement affichée dans certains bureaux dont l'organisation fut si défectueuse pendant la guerre.

131

***

"Les vivres n'ont pas besoin, disait-il, d'une dictature, mais d'une sage administration. Je conçois, pour moi, cette administration non dans des décrets draconiens ou des inquisitions arbitraires, mais dans une harmonieuse entente et une intelligente coopération des trois grands groupes intéressés : producteurs, distributeurs, consommateurs. Mes conseillers seront pris exclusivement parmi ces trois groupes et non parmi les théoriciens ou les bureaucrates. " Quel abîme entre la mentalité qui a dicté ces lignes et celle de nos gouvernants !

***

La Russie a constaté expérimentalement que l'organisation même médiocre d'un grand pays est fort longue à établir et ne s'improvise pas. Cette organisation n'acquiert de valeur qu'après avoir été fixée dans les âmes.

***

L'excès d'organisation ne semble pas toujours favorable au progrès. La méticuleuse organisation de la Chine finit par paralyser toutes les initiatives et la conduisit à un état de décrépitude dont elle ne peut sortir.

***

Un pays gouverné par l'opinion ne saurait l'être par la compétence.

***

Le nombre peut créer l'autorité, mais non la compétence.

***

Une des grandes supériorités de l'industrie sur les administrations publiques est que la compétence s'y voit préférer à la hiérarchie et surtout à la faveur.

***

La compétence sans autorité est aussi impuissante que l'autorité sans compétence.

***

La compétence devient inefficace des qu'elle est sous les ordres de l'incompétence.

Chapitre VII
La cohésion sociale et la solidarité.

Les armes ne suffisent pas à constituer la puissance d'un peuple. Elle réside surtout dans la cohésion mentale créée par l'acquisition de sentiments communs, d'intérêts communs, de croyances communes. Tant que ces éléments ne sont pas stabilisés par l'hérédité, l'existence d'une nation reste éphémère et à la merci de tous les hasards.

***

Même invisible, l'influence de l'ordre social pèse d'un poids énorme sur notre vie journalière. Elle oriente nos pensées et nos actes beaucoup plus que tous les raisonnements.

***

Une société se maintient par l'équilibre des intérêts de ses membres. Quand cet équilibre est rompu, les appétits et les haines, contenus grâce aux freins sociaux lentement édifiés, se déchaînent librement. Le pouvoir change alors sans cesse de mains et l'anarchie dure jusqu'au jour où une autorité forte, apte à rétablir l'ordre, est universellement réclamée.

***

A défaut de communauté ethnique, la foi en un même idéal religieux, politique ou social, peut créer chez un peuple l'identité de pensées et de conduite nécessaire au. maintien de son existence.

***

L'union des partis politiques est indispensable à un pays pour lutter contre ses ennemis. Si les dissensions qui nous avaient conduits au bord de l'abîme renaissaient après la guerre, la France se verrait menacée d'une irrémédiable décadence.

***

Il ne serait pas inutile de rappeler par une inscription gravée dans l'enceinte des parlements que les peuples n'ayant pas su, comme jadis les Grecs et plus tard les Polonais, renoncer à leurs luttes intestines, finirent par la servitude et perdirent jusqu'au droit d'avoir une histoire.

***

Un parti politique tenant à être utile s'attacherait à prouver aux foules que la fusion des classes doit remplacer leurs rivalités. Vainement tentée pendant longtemps, cette fusion deviendra peut-être possible avec la démonstration pratique des bienfaits de l'association.

***

Aux rapports impersonnels et froids des diverses classes sociales, la vie des tranchées aura substitué des relations cordiales et une discipline sans raideur. Quand les hommes se connaissent, ils constatent vite qu'ils s'égalisent sur beaucoup de points et que les différences d'origine livresque sont sans importance.

***

Les émotions collectives résultant d'une guerre prolongée rapprochent les hommes qui les ont ressenties en commun. Elles créent entre eux une solidarité susceptible de survivre à la disparition de ces émotions.

***

Les peuples dont la solidarité n'aura pas été définitivement fixée par la guerre verront sûrement succéder aux luttes militaires les batailles socialistes, les batailles économiques et bien d'autres encore.

***

La solidarité fondée sur l'intérêt possède une base solide, celle appuyée sur la fraternité ou la charité fut toujours fragile. C'est aux groupements d'intérêts similaires que l'Allemagne doit beaucoup de ses progrès économiques.

***

Les transformations sociales utiles ne dériveront pas des théories socialistes actuelles, mais d'une solidarité sans dogme qui se préoccupera surtout d'améliorer l'existence de chacun par une éducation mieux adaptée aux besoins nouveaux et par des formes diverses d'association.

***

Si le mot solidarité arrivait à remplacer celui de socialisme un grand progrès serait réalisé, car la puissance des mots est généralement supérieure à celle des doctrines.

***

Inutile de prêcher aux hommes qu'ils sont frères, chacun sachant bien que ce n'est pas vrai. Plus inutile encore de les exhorter à des luttes de classes. Elles sont créatrices de ruines réciproques. Il faut simplement leur prouver qu'ils ont intérêt à s'aider en associant leurs efforts.

CHAPITRE VIII
LES RÉVOLUTIONS ET L'ANARCHIE.

Les révolutions les plus difficiles sont celles des habitudes et des pensées.

***

De toutes les révolutions, la plus profonde, peut-être, fut celle réalisée par l'Angleterre lorsque, contrairement à ses traditions séculaires, elle accepta,. pendant la guerre, de remettre tous les pouvoirs entre les mains de l'État et lui accorda un droit absolu sur la vie et la fortune des citoyens. Ce bouleversement national s'effectua sans désordre, parce qu'il fut l'oeuvre de tous les partis et non d'un seul comme les révolutions antérieures.

***

Provoquer une révolution est toujours facile, la prolonger difficile.

***

Renverser un autocrate n'est nullement supprimer le régime autocratique. Des milliers de sous-autocrates irresponsables, nécessaires à l'administration d'un pays, continuent en effet à détenir le pouvoir réel. Le régime peut changer de nom, mais ils restent les vrais maîtres.

***

Une révolution brusque ne fait que substituer un nouvel arbitraire à l'ancien.

***

Les barrières sociales que les révolutions renversent se relèvent tôt ou tard, car les peuples ne peuvent subsister sans leur pouvoir limitateur, mais elles ne se relèvent généralement pas à la même place.

***

Il est parfais plus facile à un peuple de supporter ses maux que les remèdes employés pour les guérir.

***

Dans un pays divisé en classes possédant des intérêts contraires, une révolution peut se faire pacifiquement, mais il est bien rare qu'elle reste longtemps pacifique.

***

Une révolution, à ses débuts, ne se gouverne pas plus qu'une avalanche pendant sa chute.

***

La contagion mentale est le plus sûr facteur de propagation d'une révolution.

***

Le plus grave danger menaçant une assemblée révolutionnaire n'est pas dans les réactions qui se font à sa droite, mais dans les surenchères surgissant à sa gauche.

***

Une révolution accomplie par des foules ne suit d'autre direction que les impulsions mobiles et désordonnées de ces foules. De tels mouvements ont une grande force, mais ils sont sans durée et engendrent fatalement l'anarchie.

***

Les révolutionnaires russes ont oublié de méditer ce mot de Napoléon : l'anarchie ramène toujours au pouvoir absolu.

***

Les révolutions qui commencent se meuvent dans une atmosphère d'illusions et de surenchères génératrices d'un désordre social d'où, finalement, les restaurations surgissent.

***

Parmi les causes de révolutions figure la perte de la foi générale dans la valeur des conceptions anciennes dirigeant la vie sociale. L'anarchie qui en résulte est alors une recherche inquiète de vérités nouvelles capables d'orienter un peuple.

***

C'est pendant la période de triomphe d'une révolution. lorsque, les liens sociaux étant rompus, chacun suit ses

impulsions, qu'apparaît le mieux le rôle indispensable joué dans les sociétés par la discipline et la cohésion.

***

Les historiens jugeant les événements révolutionnaires leur attribuent souvent des causes bien étrangères à leurs origines réelles. Quand, au début de la révolution russe, les soldats abandonnèrent les tranchées, ce ne fut pas au nom de principes incompréhensibles pour eux, mais simplement afin de participer au partage des terres promis par les socialistes.

***

Un des plus effrayants résultats de la révolution russe fut de transformer par la destruction des cohésions sociales une armée de plusieurs millions d'hommes parfaitement aguerris la veille, en un troupeau sans âme fuyant devant la moindre attaque.

***

Les ennemis du dedans rendent une nation impuissante contre les ennemis du dehors.

***

Certaines révolutions, telles que la révolution russe, détruisent en quelques mois l'oeuvre d'agrégation réalisée par des siècles d'efforts.

***

La clairvoyance est rare chez les révolutionnaires. Dès leurs premiers triomphes ceux de la Russie poursuivirent trois buts également funestes à l'avenir de leur pays : 1° une paix immédiate et par conséquent l'abandon des Alliés qui s'étaient engagés dans la guerre pour eux; 2° la promesse du partage des terres qui créera des luttes permanentes sur tous les points du territoire; 3° la séparation des diverses nationalités de la Russie qui entraînera la destruction de l'immense empire.

***

Après la séparation de l'Ukraine, grande province de 30 millions d'hommes très fertile et très riche, puis de la Finlande et de la Lithuanie, la Russie restera encore le plus vaste des empires, mais il en sera aussi le plus pauvre et se verra entouré de provinces hostiles, toujours en lutte.

***

La révolution russe a simplement substitué à un rigoureux régime un régime plus dur encore. Elle a de nouveau montré que les peuples ont les gouvernements qu'ils méritent.

***

Aucune analogie à établir entre la Révolution française et la révolution russe. La première fut faite par des bourgeois instruits, la seconde par des ouvriers et des paysans illettrés dont le niveau mental ne dépasse guère celui des anciens Scythes.

***

Pour la majorité des ouvriers russes une révolution se résume en cette notion : personne ne commande, chacun fait ce qu'il veut.

***

Tant que les idées de l'Allemagne resteront inchangées, l'Europe sera menacée de guerres fréquentes. Mais l'artificiel empire germanique représentant un état féodal superposé à un état industriel, les Allemands eux-mêmes comprendront un jour l'incompatibilité de ces deux régimes. Il en résultera nécessairement une de ces révolutions de pensées, toujours génératrices de révolutions politiques profondes.

***

Quoique les grandes révolutions soient aisément prédites, il n'est guère d'exemples que leurs plus importantes conséquences aient été pressenties.

***

L'anarchie est partout quand la responsabilité n'est nulle part.

Livre VI
Le Gouvernement moderne des Peuples

CHAPITRE I
LES PROGRÈS DÉMOCRATIQUES.

Grâce à la guerre, l'égalité qui n'existait que dans les codes finira sans doute par s'introduire un peu dans les moeurs.

***

La guerre actuelle aura fait davantage pour la réalisation des idées démocratiques que des révolutions violentes. Les hommes soumis aux mêmes dangers ont appris a se connaître et à constater l'équivalence des capacités d'ordres différents.

***

La guerre marquera sans doute le triomphe définitif de la démocratie dans le monde. Monarques et diplomates ont trop manqué de clairvoyance pour que les peuples consentent désormais à remettre aveuglément leur destinée entre leurs mains. Les guerres ne seront peut-être pas moins fréquentes, mais elles seront au moins déclarées par ceux qui en supportent le fardeau.

***

La guerre menace toutes les autocraties et cependant elle a eu pour résultat l'apparition dans les pays en lutte de gouvernements autocratiques. Utiles parfois pour les décisions rapides, ils ont cependant accumulé de telles erreurs que la nécessité s'imposa de contrôler leur gestion par des commissions compétentes.

***

Avec l'évolution des temps nouveaux, nul pouvoir absolu ne sera capable de concilier et coordonner les intérêts variés et parfois contradictoires des divers groupes sociaux pour les adapter à l'intérêt général.

***

La guerre mondiale ayant eu pour résultat d'ébranler fortement l'autorité des conceptions autocratiques, les seules monarchies pouvant subsister seront celles de pays où le souverain ne gouverne pas et constitue simplement un symbole de l'unité nationale.

***

Le passage de l'autocratie individuelle à l'autocratie collective semble devoir être pour beaucoup de peuples une des conséquences de la guerre européenne.

***

Si l'antique loi de l'offre et de la demande continue a régir le monde, il est probable qu'après la guerre les ouvriers verront leur situation grandir énormément, en raison de la rareté de la main-d'oeuvre, devant les nouveaux besoins de l'industrie.

***

Avec un peu d'ordre et la fermeture des cabarets, la classe ouvrière arrivera vite à constituer une nouvelle bourgeoisie. La partie moyenne de l'ancienne bourgeoisie magistrats, fonctionnaires, professeurs, etc., a beaucoup de chances, au contraire, de former bientôt une catégorie de prolétaires qui alimenteront peut-être l'armée socialiste abandonnée par les ouvriers satisfaits de leur sort.

***

Un grand progrès sera réalisé quand les électeurs des pays démocratiques éliront pour les représenter, au lieu d'avocats ou d'hommes confinés dans les livres, des industriels, des agriculteurs, des commerçants connaissant les réalités de la vie.

***

Le véritable progrès démocratique n'est pas d'abaisser l'élite au niveau de la foule, mais d'élever la foule vers l'élite.

Chapitre II
L'ÉTATISME ALLEMAND ET L'ÉTATISME LATIN.

L'étatisme et sa forme ultime, le collectivisme, tendaient, avant la guerre, à devenir la religion nationale des peuples latins. Héritier du pouvoir de la Providence et de celui des rois, l'État constituait pour eux une entité mystique toujours critiquée, mais sans cesse invoquée par des citoyens lui réclamant surtout la satisfaction de leurs exigences personnelles.

***

Le libéralisme respectueux de toutes les opinions et l'étatisme n'admettant que la sienne semblent de plus en plus inconciliables. Les progrès de l'étatisme feraient disparaître toute trace de liberté par l'établissement d'une censure permanente des écrits, des actes et des pensées.

***

L'histoire de la politique en France depuis trente ans est celle des conquêtes du socialisme étatiste. A défaut du nombre, il avait l'audace et le nombre cède. toujours à l'audace. Ses surenchères démagogiques et ses menaces conduisirent le pays à l'extrême bord de l'abîme où, sans la guerre, il eût probablement sombré.

***

Les résultats si différents obtenus par l'étatisme en France et en Allemagne contribuent à montrer non seulement que les effets des institutions dépendent de la mentalité des peuples qui les adoptent, mais encore que les mêmes mots peuvent désigner, d'un pays à l'autre, des choses bien différentes.

***

L'étatisme allemand est une institution surtout militaire. Sortant peu de son domaine, il laisse aux industriels leur liberté d'action. L'étatisme latin, au contraire, prétend tout gérer et tout diriger. Quand il n'absorbe pas les entreprises industrielles, il les traite en ennemies et les accable de règlements vexatoires paralysant leur essor.

***

L'étatisme germanique est un facteur des immenses progrès économiques de l'Allemagne, alors que l'étatisme latin fut une des causes les plus sûres de notre décadence industrielle.

***

Lorsqu'un État prétend tout diriger et tout absorber, il se trouve bientôt en présence d'intérêts collectifs inconciliables, qui limitent son action. Son impuissance se résout alors en anarchie.

***

Dans les pays où l'étatisme latin domine, la gestion suprême des affaires semble dévolue à des ministres. En fait, elle appartient à une légion de commis irresponsables. Les ministres, peu écoutés, en raison de leur incompétence, de la faible durée de leurs fonctions et de l'indiscipline générale, n'exercent qu'une autorité illusoire.

***

Tout individu travaillant à une oeuvre collective au succès de laquelle il n'est pas intéressé fournit un faible rendement. De ce principe psychologique, si méconnu des socialistes, résulte que les entreprises gérées par l'État coûtent cher et rapportent peu.

***

Une des forces de l'industrie américaine est de se passer des interventions de l'État. La faiblesse de la nôtre est due aux entraves étatistes. Si nos conceptions ne changent pas, notre industrie succombera sous le poids des lois et des règlements.

***

Quand les citoyens ne peuvent pas s'entendre pour gérer leurs affaires, il faut bien que la lourde et coûteuse machine de l'État intervienne.

***

Les administrations de l'État et celles de l'industrie privée présentent cette distinction fondamentale que les premières s'occupent beaucoup plus de la forme que du fond, alors que les secondes dédaignent la forme et ne s'attachent qu'aux réalités utiles.

***

Le mépris des lois économiques, l'incohérence des taxations et des réquisitions pendant la guerre, la paralysie de toutes les initiatives par des bureaux tyranniques et incompétents, peuvent faire pressentir dans quelle anarchie tomberait un pays asservi définitivement au régime du socialisme étatiste.

***

Les renchérissements consécutifs aux taxations pendant la guerre ne firent que confirmer d'anciennes expériences. La Convention avait déjà dû reconnaître que rien ne peut remplacer l'initiative privée, la liberté du travail et le jeu mutuel des échanges.

***

Décourager la culture du blé par des taxations forçant l'agriculteur à vendre sa récolte au-dessous du prix de revient et par conséquent à cesser cette culture, puis tâcher de la ranimer par des subventions soumises à l'arbitraire administratif, constituent deux exemples mémorables de la pernicieuse influence des interventions étatistes.

***

Si, après la guerre, les initiatives industrielles, agricoles et commerciales sont paralysées par des règlements vexatoires résultant d'interventions étatistes, la décadence des peuples soumis à ce régime est certaine. Il n'y a pas de progrès sans les initiatives individuelles et ces initiatives sont impossibles dès que l'État prétend diriger l'organisme compliqué de l'industrie et du commerce.

***

Le socialisme pacifiste, qui avait tant contribué à nos premières défaites par l'insuffisante préparation due à la diffusion de ses doctrines, a repris l'influence perdue au début de la guerre pour deux motifs : 1° le développement universel, par suite des nécessités de la guerre, d'une autocratie étatiste très voisine du joug rêvé par les socialistes; 2° l'affirmation, impressionnante sur l'imagination populaire, que l'on pourrait obtenir la paix au moyen d'un congrès international socialiste.

***

L'étatisme latin est une forme inférieure de gouvernement, ayant eu son utilité comme jadis le régime féodal, mais qui n'en a plus aujourd'hui. En se prolongeant il aurait pour terme ultime l'égalité dans la servitude, puis la décadence.

***

La théorie allemande de l'État souverain absolu n'acceptant d'autre loi que sa volonté implique nécessairement la prépondérance de la force sur le droit. C'est pour justifier cette prédominance que les philosophes allemands ont été amenés, après avoir divinisé l'État, à identifier le droit et la force, et à considérer la douceur et l'humanité comme des marques d'impuissance.

***

La conception allemande de l'État ne pouvant être lié par aucun traité est plus asiatique que romaine, plus ancienne que moderne. Elle constitue une véritable régression contre laquelle le monde entier s'est dressé.

***

En faisant de l'État une divinité souveraine, Hegel et ses successeurs formulèrent simplement en termes philosophiques la conception militaire de tous les rois de Prusse.

***

L'étatisme et le socialisme sont si voisins qu'en Allemagne la majorité des socialistes constitue un parti gouvernemental.

***

Il est incontestable qu'en quelques années l'Allemagne avait réussi à se placer à la tête de l'industrie. Mais on se tromperait fort en attribuant son succès à des influences étatistes. Une éducation technique supérieure, une discipline sévère, la solidarité des diverses industries, l'intervention de hautes individualités capables de diriger, les grandes entreprises et surtout la possession de riches mines de houille furent les causes des progrès réalisés en vingt-cinq ans.

***

Précieuse pour coordonner l'effort d'esprits médiocres, l'organisation étatiste de l'Allemagne ne saurait favoriser les recherches importantes, oeuvre exclusive des élites. En perdant son individualisme l'Allemagne a perdu ses grands savants, ses grands écrivains, ses grands penseurs.

***

L'étatisme peut être momentanément une cause de progrès pour les peuples faibles, mais, inévitablement, il engendre la décadence. Quand l'État seul pense et agit à la place des citoyens, ils deviennent incapables de penser et d'agir. Les supériorités individuelles se noient dans une médiocrité universelle, puis disparaissent.

***

Les partisans irréductibles de l'étatisme deviendront fort dangereux après la guerre. Ayant vu l'autocratie étatiste imposée à tous les peuples pendant le conflit, ils en concluent à son utilité pendant la paix. De toute évidence, pourtant, un régime adapté à une situation anormale n'a de valeur que pour cette situation.

***

Si l'étatisme militaire créé par la guerre se continuait pendant la paix on peut se demander dans quelles limites seraient tolérées l'indépendance de pensée et la liberté individuelle. De la solution donnée à ce problème l'avenir de la civilisation dépend.

***

L'individualisme moderne a vu se dresser contre lui deux ennemis redoutables : le socialisme et le germanisme.

***

Si l'humanité finit par préférer l'asservissement collectif à la liberté elle entrera dans un âge de définitive régression.

***

Déterminer les limites respectives de l'individualisme et de l'étatisme sera un des plus difficiles problèmes de l'avenir.

CHAPITRE III
LA RELIGION SOCIALISTE.

Le rôle des croyances n'est pas moins important aujourd'hui que dans le passé. Beaucoup d'hommes se croient dégagés de toute religion, mais l'esprit mystique les domine toujours. La foi socialiste est une des manifestations de cet esprit au même titre que le bouddhisme et l'islamisme.

***

Les adeptes de sectes politiques diverses : nihilistes, francs-maçons, socialistes, etc., sont des êtres religieux ayant perdu d'anciennes croyances, mars ne pouvant se passer d'une foi pour orienter leurs pensées.

***

En enseignant la fraternité universelle et la déchéance de l'homme, le christianisme a détruit chez les Romains l'idée de patrie et anéanti la civilisation antique. Le triomphe de l'idéal socialiste désagrégerait aussi le culte de la patrie et, par la lutte des classes, il engendrerait des guerres civiles conduisant chaque patrie à se détruire elle-même.

***

Les croyances à forme religieuse comme le socialisme sont inébranlables parce que les arguments restent sans prise sur une conviction mystique. Le fidèle croit et ne raisonne pas.

***

Tous les dogmes, les dogmes politiques surtout, s'imposent généralement par les espérances qu'ils font naître et non par les raisonnements qu'ils invoquent.

***

Guidés seulement par la raison les pacifistes avaient de justes motifs pour déclarer la guerre impossible. Ils oubliaient seulement que les peuples sont orientés par des forces sur lesquelles la raison est sans prise.

***

Les historiens ne constateront pas sans étonnement que le catéchisme socialiste allemand n'exerça ses ravages chez les ouvriers français et les politiciens qui les suivent qu'après avoir été pratiquement abandonné en Allemagne.

***

Malgré leurs divergences de principes, le socialisme collectiviste et le militarisme conduisent exactement au même résultat: la servitude.

***

Plusieurs penseurs ont soutenu que le triomphe du socialisme pouvait amener un retour complet à la barbarie. L'expérience de la Russie montre du moins qu'un peuple subjugué par la foi socialiste tombe vite dans un état d'anarchie qui le rend victime de voisins peu soucieux d'adopter une foi génératrice de pareilles conséquences.

***

Il n'existe qu'une parenté illusoire entre le socialisme latin et celui des Américains et des Allemands. Préoccupés surtout de la production des richesses, ces derniers l'ont favorisée, sachant bien que l'ouvrier en profite toujours. Préoccupés uniquement de la répartition des richesses, les socialistes français et leurs législateurs n'ont au contraire cessé, en poursuivant le capital, de le détourner des entreprises nationales et de l'obliger à se porter sur les placements étrangers. Ils ont ainsi accentué notre décadence économique.

***

La guerre de classes, adoptée par les socialistes français après avoir été délaissée par leurs confrères allemands, serait plus meurtrière et plus coûteuse encore que les guerres entre peuples. Ces dernières ne créent, en effet, que des ruines provisoires, alors que la première engendrerait une ruine définitive.

***

L'homme ne donne tout son rendement que s'il est directement intéressé au succès de l'oeuvre entreprise. De ce principe psychologique résulte que l'ouvrier ne touchant pas un salaire proportionnel à ses efforts pour la prospérité de son usine, et l'employé de l'Etat travaillant à prix fixe, fourniront toujours un rendement médiocre.

***

Si le socialisme consistait simplement à vouloir l'amélioration du sort des multitudes, tout le monde serait socialiste, mais les deux points fondamentaux de la doctrine : la lutte des classes et la suppression du capital, entraîneraient la désagrégation des sociétés et leur ruine.

 ***

Jamais le rôle du capital ne s'est révélé aussi important que pendant la guerre mondiale. Non seulement la puissance d'expansion économique d'un pays, mais surtout sa force défensive et par conséquent son indépendance, résultent de sa richesse. Il importe donc de ne plus entraver son développement comme ne cessent de le faire les législateurs dominés par les influences socialistes.

***

Les pays où les socialistes auront le pouvoir, non de détruire le capital, ce qui est impossible, mais de le faire émigrer, sont voués à une rapide décadence.

***

Le rôle du capital, prépondérant dans la guerre actuelle, le sera plus encore dans les guerres futures. L'obus du canon de 75 coûte 60 francs, celui du 305, 2 500 francs. Pour détruire un canon ennemi à 4 kilomètres il faut tirer plus de 1.000 projectiles du 155 court. La destruction d'un canon ennemi valant 10.000 francs, coûte plus de 300.000 francs avec le 155 et énormément plus avec des calibres supérieurs. Les spécialistes auteurs de ces calculs ont évalué à 25 milliards les dépenses de l'artillerie depuis le commencement de la guerre.

***

Un pays sans capital est un pays sans défense.

***

La prodigieuse persistance des illusions socialistes se trouve bien marquée dans les lignes suivantes d'un savant écrivain . " La dure épreuve imposée depuis trois années au monde n'a rien appris aux socialistes. Ils tournent obstinément autour des mêmes formules, par lesquelles ils s'appliquaient jadis à créer les plus dangereuses illusions. Tout ce qu'ils voient dans cette guerre c'est la possibilité d'en tirer argument en faveur de cette lutte des classes sociales qui constitue le fond de leur doctrine. "

***

Les nations peuvent-elles prospérer sans concurrences intérieures et extérieures ? Les socialistes résolvent facilement ce problème, mais l'expérience ne l'a pas résolu encore.

***

Vivant dans les théories abstraites indépendantes des lois économiques, les socialistes peuvent promettre aux foules les paradis dont elles sont avides. Limités par des nécessités économiques inflexibles, les adversaires du socialisme ne sauraient faire les mêmes promesses et posséder par conséquent le même prestige.

***

La plus dangereuse des erreurs socialistes, fut de ne pas comprendre que la lutte des classes nuit à une production dont l'ouvrier profite toujours. Les socialistes allemands qui enseignent cette lutte dans leurs livres, y ont pratiquement renoncé depuis longtemps.

***

Il fallait entièrement ignorer les mobiles conduisant les hommes pour imaginer une société où tous les moyens de production seraient exploités en commun. Cette conception impliquant pour les peuples une étroite servitude ne pouvait germer que dans des cerveaux soumis à la rude discipline des casernes germaniques.

***

L'intelligence, le capital et le travail sont les facteurs essentiels du développement industriel moderne. En lutte chez les nations que dominent les illusions socialistes, ces trois éléments ont fini, chez d'autres peuples, par former une association génératrice principale de leurs progrès.

***

Il est impossible de dire si le capitalisme disparaîtra dans l'avenir, On ne peut nier aujourd'hui qu'après avoir transformé le monde en moins d'un siècle, il reste l'élément indispensable de ses nouveaux progrès.

***

Pour comprendre la persistance de certaines illusions socialistes il faut se souvenir que l'absurdité d'un dogme ne nuit jamais à sa propagation.

***

On saisit la puissance de la religion socialiste en constatant que, malgré les irréparables désastres qu'elle faillit engendrer, ses adeptes n'ont rien perdu de leur foi et prétendent encore régir les sociétés avec leurs chimères.

***

La religion socialiste a fait de tels progrès dans certains esprits que parler de liberté individuelle, d'initiative, de limitation des droits de l'État, leur semble le langage d'un âge disparu.

***

Au point de vue des doctrines socialistes, la guerre présente deux phénomènes d'apparence contradictoire. Elle a d'abord déterminé l'effondrement des théories internationalistes en prouvant que les liens créés par la race sont beaucoup plus forts que ceux résultant des intérêts de profession. D'autre part, le développement de l'étatisme allant jusqu'au servage a momentanément réalisé le plus chimérique des rêves socialistes.

Les convictions mystiques échappant aux atteintes de la raison et de l'expérience, les socialistes verront seulement dans la guerre une confirmation de leurs doctrines.

***

Les progrès de la religion socialiste vérifient cette loi de l'histoire que si les peuples changent parfois les noms de leurs dieux ils ne sauraient se passer de ces grands fantômes pour orienter leur vie.

CHAPITRE IV
LES QUALITÉS PSYCHOLOGIQUES NÉCESSAIRES AUX GOUVERNEMENTS.

Un chef d'État représente aujourd'hui une synthèse de volontés qu'il peut orienter, mais qui le dominent s'il ne sait pas les orienter.

***

De même que le physicien connaissant les forces de la nature est maître des phénomènes, l'homme d'État capable de manier les forces psychologiques dirigerait à son gré les sentiments et les volontés des hommes.

***

L'homme d'État habile sait utiliser les illusions dont beaucoup d'âmes ne peuvent se passer. L'homme d'État inexpérimenté les persécute et en est victime.

***

L'ignorance de la psychologie des peuples fut de tout temps une source d'erreurs politiques désastreuses.

***

Les classes dirigeantes sont issues de concours révélant la mémoire, mais non les qualités de jugement et de caractère qui font la valeur de l'homme. Aussi les sociétés se trouvent-elles conduites par des chefs souvent médiocres.

***

Vivre exclusivement dans les livres empêche de comprendre les réalités. C'est pourquoi les gouvernements de théoriciens sont si dangereux pour un pays.

***

Plus un problème politique est difficile, plus on trouve d'hommes se croyant aptes à le résoudre.

***

L'absence de clairvoyance et l'irrésolution constituent les plus habituels défauts des hommes politiques. Ne sachant pas diriger les événements, ils se laissent dominer par eux, et subissent tous les hasards.

***

Parmi les hommes politiques présidant aux destinées des peuples on rencontre beaucoup d'esprits simplistes, persuadés que les lois naturelles se modifient avec des décrets. Rares sont les esprits observateurs ayant le sens des possibilités et se bornant à orienter la marche des choses sans prétendre en transformer le cours.

***

Les foules s'imaginent volontiers que leurs gouvernants appartiennent à une humanité supérieure infaillible. De là leurs fureurs dès qu'une défaillance révèle l'homme derrière l'idole.

***

La valeur d'un ministre dépend beaucoup de son entourage, mais l'art de choisir les hommes est encore plus difficile que celui de les gouverner.

***

Tel homme devenu ministre aurait dû être simple cocher et tel autre, resté cocher, mériterait d'être ministre, disait Napoléon. Sans doute, mais comment faire la distinction et découvrir les vraies capacités ?

***

Les pires tyrans sont moins dangereux que les gouvernants indécis. L'indécision fut toujours génératrice de catastrophes.

***

Si tant d'hommes d'État se montrent irrésolus dans leurs actes, c'est faute d'avoir une idée nette de ce qu'ils veulent et de ce qu'ils peuvent.

***

L'homme incapable de dominer ses nerfs est indigne d'occuper le plus humble échelon de la puissance politique. Si la guerre de 1870 devint inévitable, c'est que les négociations furent conduites par un ministre n'ayant pas assez de calme pour vérifier, avant d'agir, l'exactitude des faits rapportés dans la dépêche falsifiée qui déclencha le conflit. La subtile psychologie d'un diplomate ennemi réussit à utiliser notre irritabilité ethnique pour nous lancer dans une série de catastrophes.

***

Les chefs d'État doivent savoir discerner les mobiles susceptibles d'agir sur les diverses mentalités. Incapables d'un tel discernement, les diplomates allemands ne comprirent pas que la terreur, si efficace sur les Balkaniques, serait sans action sur les autres peuples.

***

Une des plus dangereuses habitudes des hommes politiques médiocres est de promettre ce qu'ils savent ne pouvoir tenir.

***

En politique les institutions importent moins que les moeurs.

***

Les assemblées parlementaires constitueraient un régime politique suffisant si l'on pouvait les soustraire à l'influence des grands fantômes qui les oppriment : la peur, la jalousie et la haine. Ils furent depuis vingt-cinq ans les inspirateurs de persécutions et de lois désorganisatrices de l'industrie, des finances et de l'armée.

***

Le sectarisme et la crainte des électeurs laissent difficilement aux législateurs une grande liberté de jugement.

***

Aux États-Unis, les attributions de l'État se trouvant peu nombreuses, les influences politiques demeurent sans action. Le rôle du politicien ne devient désastreux que dans les pays où l'État absorbe toutes les fonctions.

***

Il fut toujours dangereux pour les peuples d'être conduits par des hommes plus préoccupés des effets de leurs mesures sur un parti que de la valeur de ces mesures et de leur intérêt général.

***

L'homme d'État supérieur sait opposer l'évidence qu'il perçoit à l'erreur que l'aveuglement des partis politiques prétend lui imposer.

***

L'inexpérience politique se manifeste généralement par le besoin d'accumuler des mesures restrictives. Prises un peu au hasard, elles sont généralement contraires à toutes les lois économiques et il faut bientôt les rapporter.

***

Les gouvernements qui n'ont pas su créer l'opinion ne la connaissent souvent qu'au moment où elle les renverse.

***

Les hommes d'État sans caractère tâchent vainement d'étayer leur faiblesse individuelle en l'associant à des faiblesses collectives.

***

On ne peut rien attendre des hommes politiques pour lesquels le monde est un miroir reflétant seulement leurs désirs, leurs rêves et leurs craintes.

***

Alors que le savant recherche la vérité sans craindre ses conséquences, le politicien médiocre s'en méfie et la considère comme une ennemie. Il censure son expression dans la vaine espérance de l'anéantir.

***

Une des erreurs politiques les plus dangereuses est de confier à des orateurs brillants la direction des affaires publiques. Napoléon avait déjà remarqué que les grands orateurs aptes à gouverner une assemblée étaient incapables de conduire la plus modeste affaire.

***

Un grand orateur est rarement un grand penseur. L'art de l'orateur consiste surtout à manier habilement les formules illusoires capables d'impressionner les foules.

***

L'homme politique qui dépense son activité en paroles la dépense rarement en actions.

***

Pour les diplomates comme pour les femmes, le silence est souvent la plus claire des explications.

***

Le véritable homme d'État se montre parfois intransigeant dans ses discours, mais jamais dans ses actes. Les nécessités qui régissent la vie des peuples modernes ne sont pas compatibles avec l'intransigeance.

***

Gouverner c'est pactiser, pactiser n'est pas céder.

***

Pour gouverner sagement, il ne faut pas oublier que l'influence du passé limite l'action possible de l'homme sur le présent. La foule des vivants reste toujours encadrée par celle des morts.

***

L'idée que les hommes se font des choses est pour les gouvernants plus utile à connaître que la valeur réelle de ces choses.

***

Faire naître, grandir ou disparaître des sentiments et des croyances dans l'âme des peuples représente un des éléments essentiels de l'art de gouverner.

***

Savoir manier les sentiments d'un peuple, c'est diriger sa volonté. Savoir les perpétuer, c'est refaire son âme.

CHAPITRE V
IMPERFECTIONS DES GOUVERNEMENTS RÉVÉLÉES PAR LA GUERRE.

Le défaut de clairvoyance a été la caractéristique générale des hommes d'État avant et pendant la guerre. Les gouvernants capables de prévoir les événements seulement quelques mois d'avance sont exceptionnels.

***

L'impuissance à prévoir et l'irrésolution s'expient toujours. Les Allemands ne songent pas sans terreur à la destruction qui eût menacé leur flotte si l'imprévoyance d'un ministre anglais ne leur avait jadis abandonné l'île d'Héligoland. Les Alliés ne peuvent se rappeler sans amertume que le déroulement de la guerre eût été tout autre si, au début de la campagne, un ministre avait possédé l'esprit de décision et la prévoyance nécessaires pour ordonner à quelques cuirassés de suivre les vaisseaux allemands quand ils se dirigèrent sur Constantinople.

***

Un empereur clairvoyant eût compris que l'Allemagne était le pays de l'univers le plus intéressé à maintenir la paix. Il eût ensuite saisi la profondeur du conseil de Bismarck de ne jamais se brouiller avec la Russie.

***

Les conséquences de l'imprévoyance ne se réparent guère. Les Alliés perdirent inutilement plus de 100.000 hommes a

Gallipoli, dans la vaine tentative de réparer des fautes d'imprévoyance et d'indécision antérieurement commises.

***

Un simple vocable l'imprévision, résume les causes de la plupart des échecs dont furent victimes les Alliés au début de la guerre.

***

Les maîtres des peuples continuent à vivre d'idées devenues sans valeur. Une des vérités les mieux démontrées par les faits est qu'un pays ne gagne rien à vouloir s'annexer des peuples étrangers contre leur volonté. L'Autriche en fit jadis l'expérience avec la Vénétie, l'Allemagne avec l'Alsace qui fut pour elle une cause de troubles et de dépenses pendant cinquante ans.

***

" Trop tard ", ce mot fut comme l'a dit un ministre anglais, l'explication de bien des revers.

***

Impuissante jadis dans le déroulement de l'histoire, la volonté des peuples est devenue un facteur essentiel de la politique moderne.

***

Si les grandes puissances sont si mal renseignées par leurs agents c'est que, pour être considérés de leurs chefs, ces agents se bornent à en refléter les opinions. Nos illusions sur les Bulgares et les Grecs, au début du conflit, n'eurent guère d'autres causes.

***

Les erreurs dans le maniement des forces psychologiques peuvent annuler la supériorité des armements. L'Allemagne en fit l'expérience à mesure que l'insuffisance psychologique de ses diplomates lui suscitait de nouveaux ennemis.

***

Les gouvernements faibles sont, comme les individus sans caractère, peu redoutables pour leurs ennemis et dangereux pour leurs amis. La Russie durant la guerre illustra cet exemple.

Un dictateur n'est qu'une fiction. Son pouvoir se dissémine en réalité entre de nombreux sous-dictateurs anonymes et irresponsables dont la tyrannie et la corruption deviennent bientôt insupportables.

***

Toute puissance sans responsabilité se transforme vite en tyrannie.

***

On peut se faire une idée de la formidable puissance des marchands de vin et de la crainte qu'ils inspirent à nos législateurs en constatant que le plus illustre de nos ministres de la Guerre faillit être renversé pour avoir essayé d'entraver leur commerce, en raison de ses conséquences sur la santé du soldat.

***

Les motifs de contester la valeur de notre Parlement sont nombreux, mais il faut reconnaître que, sans les grandes commissions issues de son sein, nous n'aurions jamais eu ni les munitions, ni les canons nécessaires à la défense. Un gouvernement absolu, mais prisonnier d'illusions bureaucratiques, n'avait pas réussi à les obtenir.

***

La surenchère, si générale en politique, fut toujours une dangereuse méthode. Elle peut être momentanément utile à des partis, mais jamais à des gouvernements.

***

Préférer l'utilité d'un jour à des vérités durables et gouverner d'après les opinions du moment, c'est créer pour l'avenir des situations sans remède.

CHAPITRE VI
ENSEIGNEMENTS POLITIQUES DÉDUITS DE LA GUERRE.

Jamais l'art de gouverner n'aura été aussi malaisé qu'après la guerre. Une des plus grandes difficultés consistera peut-être à rompre avec les habitudes d'intervention universelles qu'avait nécessitées le conflit.

***

L'art de manier avec certitude la gamme des sentiments qui font mouvoir les hommes ne s'enseigne ni dans les livres ni dans les écoles. Il est resté empirique et s'acquiert seulement par l'expérience. A en juger d'après toutes les erreurs de psychologie commises pendant la guerre, cette acquisition n'est pas facile.

***

Les grands moteurs de la conduite des peuples sont les croyances et les intérêts. Les croyances ne pouvant être réduites ni par la raison, ni par la force, les gouvernants doivent se borner à concilier des intérêts. Plusieurs siècles de persécutions et de guerres sanglantes furent nécessaires pour établir la solidité de ce principe psychologique.

***

Les hommes les plus aptes à guider les événements sont souvent entraînés par eux après les avoir conduits jusqu'à une certaine limite qu'ils ne peuvent d'avance prévoir.

***

Les buts obtenus en politique sont parfois fort différents de ceux poursuivis. L'Allemagne ne se doutait certainement pas du service qu'elle rendrait à l'Angleterre en la forçant à la guerre. Pour le présent elle lui évita une lutte civile avec l'Irlande et consolida en un bloc homogène les éléments inconsistants de son immense empire. Pour l'avenir elle aura considérablement accru sa puissance industrielle et économique en lui faisant comprendre les dangers de l'infiltration germanique.

***

Grâce aux progrès de son industrie l'Allemagne eût vite conquis en temps de paix l'hégémonie rêvée. Elle aura bouleversé l'univers pour un résultat absolument contraire à celui qu'elle cherchait.

***

Laplace, dans son livre sur les probabilités, démontre " les avantages que la bonne foi a procurés aux gouvernements qui en ont fait la base de leur conduite. Voyez au contraire, ajoute-t-il, dans quel abîme de malheur les peuples ont été souvent précipités par l'ambition et par les perfidies de leurs chefs. Toutes les fois qu'une grande puissance enivrée de l'amour des conquêtes aspire à la domination universelle, le sentiment de l'indépendance produit entre les nations menacées une coalition dont elle devient presque toujours la victime ". Cette page écrite il y a plus d'un siècle contient des vérités qui resteront éternelles, quoique sans beaucoup de chances de recevoir une application pratique.

***

Les luttes livrées pour des principes sont toujours fort longues. Telles dans l'antiquité les guerres médiques et dans les temps modernes les guerres de religion, la guerre de Trente Ans, les guerres de la Révolution. Si la guerre de sécession aux États-Unis dura seulement cinq ans, c'est que la ruine financière de l'un des partis en présence rendit impossible la continuation du conflit.

***

Il est toujours dangereux pour une nation d'avoir un passé trop chargé d'iniquités.

***

Si puissant que devienne un peuple, si grandes que soient ses conquêtes, si supérieurs que puissent être ses armements, son pouvoir ne saurait durer dès qu'il constitue une menace permanente pour les autres peuples. Plus d'un conquérant en fit jadis l'expérience. Les Allemands la répètent à leur tour.

Frédéric II posait déjà les règles appliquées plus tard par ses successeurs quand il disait que la guerre est une affaire dans laquelle le moindre scrupule peut tout perdre. Suivant lui on ne saurait faire une guerre sans avoir le droit de pillage, d'incendie et de carnage.

***

Gouverner contre l'opinion est impossible, mais on peut la créer. Une des forces du gouvernement allemand fut d'avoir su, depuis longtemps, orienter l'opinion de son peuple vers la nécessité d'une guerre de conquête. Il y parvint avec l'aide des universités, des journaux et de nombreuses associations.

***

Des mesures d'exception imposées à un groupe politique, religieux ou ethnique ne font que le fortifier. Persécuté il augmente de cohésion, alors qu'il se dissout dès que cessent les inégalités de traitement. Cette loi psychologique a maintenu aux Juifs leur individualité à travers les siècles. Pour l'avoir méconnue l'empire d'Autriche verra forcément ses provinces se dissocier.

***

Conquérir un peuple peut être l'oeuvre d'un jour. L'assimiler demande parfois des siècles. Souvent même le temps n'y suffit pas. L'Angleterre ne put jamais s'agréger l'Irlande, l'Autriche a toujours pour ennemis les peuples soumis à sa domination.

***

La violence ne suffit pas pour fusionner les âmes des races. Bien que l'histoire ait solidement démontré cette loi psychologique, les maîtres des peuples ne l'ont pas encore comprise.

***

L'utilité des esprits supérieurs dans le gouvernement des peuples fut bien mise en évidence par l'histoire des vingt années qui suivirent la guerre de 1870. Le chancelier alors à la tête de l'Allemagne sut isoler la France en s'alliant à l'Italie, à la Roumanie et à l'Autriche, puis en obtenant la neutralité bienveillante de la Russie et de l'Angleterre. Cette situation disparut progressivement dès que l'Allemagne fut gouvernée par des chefs arrogants, toujours prêts à menacer l'Europe de la force allemande.

***

Pour les peuples de races, de langues, de religions ou d'intérêts différents, réunis par les hasards des conquêtes, il n'existe que deux formes possibles de gouvernement: l'autocratie pure ou une fédération de provinces autonomes. Ce dernier type de gouvernement s'impose aujourd'hui partout. L'Angleterre en fit l'expérience avec le Transvaal et l'Irlande, l'Autriche avec la Hongrie et bientôt, sans doute, avec ses autres provinces. La Russie, composée de peuples divers, arrivera probablement aux mêmes séparations après une série de bouleversements.

Un peuple ne saurait espérer un gouvernement meilleur que lui-même. Aux cimes incertaines correspondent des gouvernements incertains.

***

Si les gouvernements démocratiques furent toujours jusqu'ici des gouvernements d'avocats c'est que les luttes parlementaires donnent à l'habitude de la parole un rôle prépondérant. Dans les civilisations à forme industrielle, la compétence technique devenant beaucoup plus nécessaire que la compétence oratoire, le technicien semble appelé à remplacer l'avocat. C'est une des réformes auxquelles songe le plus l'Angleterre. L'ancien type moyen du politicien orateur tend à disparaître.

***

Dans les grands conflits, la force des peuples fait celle des gouvernants.

Livre VII
Perspectives d'avenir

CHAPITRE I
QUELQUES CONSÉQUENCES DE LA GUERRE.

La guerre européenne ouvre une de ces grandes périodes de l'histoire où, comme à l'époque de la Réforme et de la Révolution, les peuples changent leurs conceptions de la vie, leur idéal et aussi leurs élites.

***

C'est au lendemain de la paix que se dérouleront les plus importantes répercussions de la guerre. Elle se prolongera dans des luttes économiques, industrielles et sociales qui transformeront l'avenir des peuples.

***

Les conséquences matérielles du conflit européen seront moins importantes peut-être que les transformations mentales qu'il aura engendrées. Les changements du monde extérieur façonnent rapidement un nouveau monde intérieur.

***

L'Europe ne verra sans doute pas ses frontières géographiques tresses modifiées par la guerre, mais ses frontières psychologiques se trouveront changées.

Les guerres renversent toute l'échelle des valeurs morales. L'acte sévèrement réprimé comme crime en temps ordinaire devient vertu et gloire dans le combat. L'intérêt individuel s'efface. La vie humaine n'a plus qu'une importance collective.

***

La démonstration expérimentale que la domination militaire d'un peuple étranger constitue une opération coûteuse, improductive et par conséquent inutile, épargnera peut-être au monde de nouveaux carnages.

***

On a justement remarqué que les grands génies apparurent souvent pendant les périodes de guerre. Le siècle qui vit naître Raphaël, Michel-Ange. Galilée, Copernic est celui où le monde se trouva le plus ravagé par des luttes féroces. C'est dans la vie des camps que Descartes composa sa Méthode. La guerre semblerait donc constituer un stimulant de toutes les énergies. Une foule de progrès scientifiques et industriels n'eussent probablement pas été réalisés sans le conflit actuel.

***

Les guerres exaltent ou dépriment un peuple suivant son état mental quand elle éclate. La guerre de 1870 déprima considérablement la France. La lutte actuelle réveilla au contraire ses activités endormies.

***

L'Allemagne, en croyant s'assurer de nouveaux débouchés, ne réussit qu'a perdre ceux qu'elle possédait, surtout en Orient. Le Japon sera sans doute le principal bénéficiaire de la guerre européenne.

***

Que trouve à son foyer, quand ses blessures l'y ramènent, le soldat allemand qui rêvait d'une abondance illimitée créée par les richesses conquises ? La menace d'impôts nécessitant un écrasant labeur et une pauvreté sans espoir. Ces constatations faites par quelques millions d'hommes modifieront peut-être leurs idées sur les avantages des guerres.

***

Les faits seuls pouvaient enseigner au peuple allemand ce que valaient les théories de ses philosophes.

***

Ruines économiques, clientèle disparue, relations commerciales rompues représentent la contre-partie des stériles victoires de l'Allemagne. Toutes les statistiques montrent que la " Mittel Europa ", même parfaitement organisée, ne peut pas remplacer le commerce avec les autres pays. Devant le bloc économique de l'Europe centrale se dressera le bloc beaucoup plus fort des autres puissances.

***

Les conséquences immédiates de la guerre seront fort tangibles : rareté de la main-d'oeuvre et des matières premières. élévation des charges fiscales, nécessité d'accroître la production avec des ressources amoindries. En dehors de ces phénomènes visibles, surgiront des conséquences lointaines comprenant trop de possibilités pour être connaissables aujourd'hui.

***

Un statisticien allemand évalue comme il suit le coût de la guerre européenne pendant les trois premières années : dépenses en argent 430 milliards, hommes tués 7 millions, estropiés 5 millions. Il serait difficile de découvrir ce que les auteurs de tels cataclysmes pouvaient y gagner.

***

Sans parler de pays comme la Russie où la banque, l'industrie et le commerce étaient entièrement germanisés, l'infiltration de l'Allemagne s'étendait rapidement partout. La guerre seule pouvait révéler le danger que l'empire allemand faisait courir d l'univers.

***

L'agriculture prendra sans doute après la guerre une importance supérieure à celle de l'industrie. Les disponibilités de tous les peuples en céréales et en viande ayant été épuisées par les immenses armées qu'il fallait nourrir, ils chercheront vainement à se ravitailler au dehors. Une élévation énorme des prix en résultera jusqu'à ce que de nouvelles ressources alimentaires aient été créées. L'exploitation agricole des territoires et des colonies deviendra forcément la principale préoccupation des peuples.

***

Dans certains pays, l'Angleterre notamment, l'industrie agricole était de plus en plus reléguée au dernier plan. La menace de disette créée par les torpillages la fit rapidement passer au premier rang. Il en sera de même dans tous les pays aspirant à conserver leur autonomie.

***

Se reporter à un demi-siècle en arrière suffit pour voir qu'avec une agriculture prospère et une industrie moyenne un peuple peut mener une vie beaucoup plus heureuse que celle résultant du développement exagéré de ses usines. Une conséquence utile de la guerre sera sans doute de faire abandonner un peu l'usine pour la terre.

***

Ce sera surtout pendant la paix que la population civile sentira le poids de la guerre.

***

L'appauvrissement des classes moyennes, conséquence de la guerre, ôtera aux pays un grand élément de stabilité.

***

La France sortira évidemment de cette guerre épuisée d'hommes et d'argent, mais dégagée peut-être des illusions politiques et sociales qui eussent fini par engendrer une irrémédiable décadence.

***

La guerre aura été une grande destructrice de toutes les routines : routines militaires, routines industrielles, routines mentales surtout.

CHAPITRE II
LES FUTURES MENACES DE LA POLITIQUE.

De nouvelles croyances politiques se créeront nécessairement après la guerre chez les hommes nouveaux, mais, se heurtant à des conceptions trop anciennes pour être déracinées facilement; il en résultera de violents conflits.

***

Les problèmes créés par la paix se trouveront aussi chargés d'imprévu que ceux soulevés par la guerre. Il serait désespérant que les politiciens seuls soient appelés à les résoudre.

***

Il faut des à présent songer qu'au lendemain de la guerre la France pourra se trouver sans matières premières, sans industries, sans fret, sans charbon, avec des impôts triplés et beaucoup de villes à rebâtir. Confier à des théoriciens politiques et non à des industriels, des agriculteurs et des commerçants la direction du pays, serait engendrer la ruine et l'anarchie.

***

L'esprit critique et l'esprit dogmatique resteront toujours trop incompatibles pour n'être pas perpétuellement en lutte. Le premier appartient à la sphère du rationnel, le second à celle du mystique et de l'affectif.

***

L'esprit dogmatique croit et ne raisonne pas. Il ne règne pas seulement dans les religions, mais aussi dans les institutions sociales et militaires.

***

Le jacobinisme, le protectionnisme et le socialisme mis au service de l'étatisme pourront constituer après la guerre des fléaux aussi funestes que l'invasion germanique. Contraintes, inquisitions, réquisitions, taxations deviendraient alors les principaux moyens de gouvernement.

***

Dans un pays où les partis politiques sont intolérants la centralisation administrative restera longtemps nécessaire. La décentralisation industrielle et financière semble seule possible.

***

La plus grande difficulté des futurs gouvernements sera d'équilibrer les intérêts souvent contraires des divers groupements sociaux de façon qu'ils ne se nuisent pas réciproquement et respectent l'intérêt général.

CHAPITRE III
LE DROIT ET LA FORCE.

L'histoire philosophique du droit peut être divisée en trois phases successives : 1° Le droit biologique. Régissant la vie du monde animal et les rapports de l'homme avec les animaux, il a pour unique règle la loi du plus fort. 2° Le droit à l'intérieur des sociétés. Il est caractérisé par la domination de l'être collectif sur l'être individuel dans l'intérêt commun. 3° Le droit à l'extérieur des sociétés ou droit international. Constitué uniquement jusqu'ici par la domination de la force, il se développera seulement lorsque les intérêts communs des peuples lui auront créé des sanctions.

***

Au sein d'une société, le droit prime la force. Dans les rapports entre sociétés différentes, c'est au contraire le droit qui est primé par la force.

***

Pour les peuples de mentalité purement militaire, le droit de faire une chose représente simplement le pouvoir d'accomplir cette chose. Le Peau-Rouge scalpant ses prisonniers, le cannibale les dévorant, le Germain pillant et massacrant, affirment avoir le droit de commettre ces actes puisqu'ils en ont le pouvoir. Le canon est le seul argument efficace contre de telles conception.

***

Le droit de détruire les animaux a pour seul fondement la force résultant de notre intelligence. C'est en vertu du même principe que les philosophes allemands attribuent aux races humaines supérieures le droit d'anéantir les plus faibles. Toutes les civilisations seraient alors menacées de destruction par le groupe humain momentanément le plus fort et les peuples retourneraient à la barbarie de la préhistoire.

***

Dégagées de leur contenu métaphysique, les définitions du droit se ramènent à celle du Digeste de Justinien : " ce qui dans chaque pays est utile à tous ou au plus grand nombre ". L'utilité serait donc le seul fondement du droit, mais, cette utilité variant suivant les pays, on ne saurait parler de droit universel.

***

Les progrès des moeurs ont fini par créer certains principes qu'admettent toutes les nations civilisées et dont la violation soulève l'indignation universelle. Les peuples envisagent la défense de tels principes quand ils déclarent combattre pour le droit.

***

Dans les relations entre individus d'une même société, le gendarme est le soutien nécessaire du droit. Dans les relations entre peuples, le canon seul a pu jusqu'ici remplacer le gendarme.

***

Le droit est fils de nécessités sociales. Les lois ne peuvent être codifiées utilement que déjà stabilisées par la coutume.

***

Les codes n'ont de valeur que fixés dans les âmes. Sans autres soutiens que le châtiment ils resteraient sans force.

***

Le droit civil ne représenta d'abord qu'une extension du droit religieux. Les volontés divines se complétèrent plus tard par celles des rois et beaucoup plus tard encore par celles des collectivités. Pour certains peuples, comme les Musulmans, n'ayant pas séparé le droit civil du droit religieux, une loi non soutenue par la religion est sans prestige. Nos colonisateurs l'oublient quelquefois.

***

Le droit de conquête, survivance des idées antiques, et le droit à l'indépendance, conception moderne des peuples, étant absolument inconciliables, les guerres entre l'Allemagne et le reste du monde se répéteront jusqu'à la disparition complète d'un de ces principes.

***

L'alliance d'un État faible avec un État fort n'a d'autre résultat possible pour l'État faible que son vasselage si l'État fort est vainqueur, et sa ruine si l'État fort est vaincu. La Turquie n'a retiré de son alliance avec l'Allemagne que la perte de l'Arabie, de l'Arménie, de la Mésopotamie. de la Syrie et une ruine financière complète.

***

Le droit qui veut être respecté a pour compagne nécessaire la force.

***

La force n'opprime jamais l'idée pendant longtemps, parce qu'une idée opprimée devient vite génératrice de force.

***

Les psychologues allemands enseignait que le succès entraîne une aveugle approbation et qu'aux yeux des peuples la cause triomphante a toujours le droit pour elle. Ils ont dû cependant constater que ce fut justement quand l'Allemagne était victorieuse que les neutres se dressèrent contre elle.

***

L'abus d'une force finit par créer la destruction de cette force. Les violences et les crimes passés sont alors expiés par les fils qui gémissent longtemps sous le lourd fardeau des iniquités de leurs pères.

***

Rarement, au cours de l'histoire, la valeur d'un système philosophique put être expérimentalement jugée comme le fut pendant la guerre la thèse germanique conférant aux peuples forts le droit d'asservir les peuples faibles.

***

Asservir n'est pas conquérir.

***

La force n'ayant que des armes matérielles pour soutien finit par devenir aussi impuissante que le droit sans force.

***

Le droit établi sur la violence peut s'imposer quelque temps, mais ne saurait durer. Il devient bientôt créateur de coalitions lui opposant un droit plus fort. La naissance de ces coalitions est une loi constante de l'histoire. On les vit se former après toutes les tentatives de domination européenne, sous Charles-Quint, Louis XIV et Napoléon.

***

Un grand progrès pour les peuples fut d'organiser contre la force individuelle une force sociale plus puissante. Le principal progrès social de l'avenir, progrès lointain encore, sera de substituer è la force agressive d'un seul peuple la force collective de tous les autres.

***

L'incendie des cathédrales, des bibliothèques et des oeuvres d'art, les massacres systématiques, les déportations d'esclaves, représentent un recul de la civilisation qui, en se prolongeant, pourrait devenir définitif et priver les peuples de toutes les conquêtes morales élaborées par des siècles d'efforts.

***

Au point de vue du succès militaire, il semble avantageux d'être délesté de générosité, d'humanité, d'équité, et de respect des engagements, mais l'avantage n'est durable qu'à la condition qu'on reste indéfiniment le plus fort. Or, il n'est pas d'exemple dans l'histoire de peuples restés toujours les plus forts.

****

Les peuples faibles ont facilement des scrupules. Les peuples forts n'en ont pas.

****

Les conquérants divinisent la violence tant qu'ils demeurent les plus forts. Devenus les plus faibles, ils s'empressent de la maudire.

****

Il a fallu aux juristes de la Haye une dose singulière d'illusions pour croire possible l'établissement d'un code dénué de sanctions. L'histoire ne connut jamais semblable code ni religieux ni civil.

****

Empêcher la violence de rester la loi définitive des relations entre peuples constituera peut-être le plus difficile problème de l'avenir. Aucun progrès de la civilisation ne sera cependant possible s'il n'est résolu.

****

La civilisation devra réaliser encore bien des progrès avant que les droits des peuples puissent avoir d'autres soutiens que le nombre de leurs soldats.

***

Le rôle de la justice sociale est d'empêcher par la menace de sanctions la violation des règles nécessaires à la vie d'une société. Le rôle futur de la justice internationale sera le même quand il deviendra possible de lui découvrir des sanctions. Cette possibilité n'apparaît pas encore.

***

La méfiance générale contre les peuples violant leurs engagements et les lois de l'humanité sera sans doute le germe des sanctions nécessaires à la création d'un code international.

***

Qu'elle soit d'ordre moral ou matériel, représentée par la puissance des codes, des idées, des religions ou des armes, la force restera nécessairement souveraine du monde. Un des plus importants progrès de la civilisation serait de substituer les forces morales à la force armée.

***

Les civilisations se bâtissent avec des idées, mais ne se défendent encore qu'avec des canons.

CHAPITRE IV
LES RÉFORMES ET LES LOIS.

Il faut de longues années de voyages et d'observations pour comprendre que les véritables réformes ne se font pas avec des lois.

*****

Science et politique ne sauraient avoir les mêmes méthodes. La première est surtout préoccupée du général, la seconde du particulier. Étudiant des choses fixes ou artificiellement fixées, la science établit facilement les lois qui régissent les éléments des choses. La politique se trouve au contraire en présence d'êtres vivants et mobiles aux réactions souvent imprévues.

*****

La valeur des institutions dépend uniquement de la façon dont elles sont appliquées. Aucune ne possède une souveraine vertu.

*****

Une réforme politique ou sociale est rarement utile quand elle ne succède pas à une transformation mentale.

*****

Les lois ne sont efficaces qu'à la condition de suivre les coutumes sans chercher à les précéder. Leur rôle est de sanctionner des usages et non de les créer.

***

Une réforme n'est durable que si elle représente l'addition de petites réformes successives.

***

Les lois et les règlements deviennent nuisibles quand, au lieu de traduire des nécessités d'intérêt général, ils ont simplement pour but de satisfaire les exigences d'un parti.

***

Les lois cessent d'être justes quand elles s'appliquent à des êtres de mentalité inégale. Régir une colonie avec des codes européens sous prétexte d'assimilation constitue une dangereuse utopie.

***

Un règlement n'est compris et respecté que formulé en termes brefs et clairs. Un long règlement est nécessairement mauvais parce qu'on ne peut en retenir toutes les parties.

***

Une des forces de l'Allemagne est d'avoir su, grâce à sa militarisation, faire observer les règlements et les lois alors qu'ils sont peu respectés chez les peuples latins.

***

Ébranler le respect d'une seule loi c'est ébranler la force de toutes les autres. Les décrets moratoires du début de la guerre fournissant des prétextes pour se soustraire à de

formels engagements ont porté à l'armature sociale un coup
dont elle ne se remettra que lentement.

***

Un véritable progrès après la guerre ne serait pas d'édicter
de nouvelles lois, mais d'en supprimer un grand nombre.

***

La guerre n'aura pas été sans utilité si elle nous fait
découvrir qu'au lieu de réclamer sans cesse des réformes à
l'État c'est nous-mêmes qu'il faudrait réformer.

***

Pas de force durable chez un peuple avec l'instabilité des
lois, des institutions, des idées et des doctrines.

***

On ne fait pas le droit, il se fait. Cette brève formule
contient toute son histoire.

Chapitre V
La future interdépendance des peuples.

L'élévation générale du prix de la vie pendant la guerre et la privation, dans chaque pays, d'une foule de produits ont expérimentalement prouvé l'interdépendance industrielle, commerciale et financière des peuples. Les économistes la signalaient déjà, mais sans avoir jamais convaincu personne.

***

On peut donner comme exemples de l'interdépendance des peuples, le fait qu'avant la guerre la métallurgie française de l'Est se procurait son charbon en Westphalie et lui donnait en échange des minerais de fer. Les métallurgistes français ne pouvaient pas plus se passer du charbon allemand que les métallurgistes allemands des minerais français.

***

L'interdépendance des peuples s'est manifestée même pendant la guerre. Le coton nécessaire à la fabrication des explosifs venait des États-Unis, les nitrates utilisés en agriculture du Chili. Les pyrites indispensables dans la préparation de l'acide sulfurique, base de certaines munitions, venaient d'Espagne et de Norvège.

***

Malgré les avantages certains du libre-échange et la probabilité de son futur triomphe, la guerre aura donné une grande force au protectionnisme. Elle a, en effet, montré aux peuples la nécessité de produire le plus possible sur leur sol les matières dont ils ont besoin pour se rendre indépendants.

***

Malgré les indestructibles divergences de structure mentale qui les séparent, les peuples sont condamnés à des relations commerciales de plus en plus étroites. Ils continueront à se haïr, mais ne pourront éviter d'échanger les produits différents que chacun obtient suivant ses capacités, son sol et son climat.

***

On peut raisonnablement espérer qu'après des luttes sauvages ayant détruit des millions d'hommes, dévasté d'antiques cités, ruiné de puissants empires, les philosophes allemands découvriront que, par suite de l'interdépendance des nations, un peuple industriel s'enrichit plus en exportant ses produits qu'en détruisant ses clients et leurs richesses à coups de canon.

***

Quand l'Europe obtiendra une paix prolongée, ce ne sera pas la force du droit ni des conventions internationales qui la maintiendront, mais la démonstration définitive de l'interdépendance économique des peuples.

***

Supérieure à toutes les volontés, l'interdépendance des peuples pourra provoquer une transformation profonde des idées qui mènent encore les nations et leurs maîtres.

Chapitre VI
La militarisation de l'Univers.

Depuis l'origine des âges, la condition nécessaire de la vie fut toujours l'aptitude à se défendre. L'être désarmé est rapidement écrasé.

***

Les nécessités se subissent et ne se discutent pas. Bien qu'incompatible avec les progrès de la civilisation, le militarisme semble pourtant le seul moyen de défense connu contre les menaces d'États puissamment armés. Avant de songer à progresser, les peuples doivent éviter d'être asservis.

***

La militarisation du monde civilisé et toutes les régressions qui en seront la suite deviendront peut-être les caractéristiques du siècle actuel.

***

Après avoir été successivement à base religieuse, à base militaire, à base juridique, puis à base économique, les sociétés semblent retourner à l'état purement militaire.

Le besoin d'expansion et de domination se développe fatalement chez les peuples dont le pouvoir militaire grandit. Leurs armements étant fort coûteux, ils essayent d'en tirer profit.

***

Les armements du temps de paix constituent une prime d'assurance contre les attaques extérieures, mais le développement du matériel de guerre rendra cette prime si ruineuse que peu de peuples seront capables de la supporter.

***

Chez les nations très militarisées il n'existe d'autre droit que la volonté des chefs. La célèbre affaire de Saverne, où l'on vit un colonel prussien faire jeter dans une cave des civils dont la physionomie lui avait déplu, constitue un mémorable exemple de la mentalité créée par la substitution du droit militaire au droit civil.

***

Un des plus difficiles problèmes de l'avenir sera de superposer aux civilisations raffinées un militarisme rigide, contraire au développement de l'intelligence, mais indispensable au maintien de l'indépendance.

***

Si, pour se protéger contre le militarisme allemand, tous les peuples de l'univers sont obligés de se militariser, l'individualisme disparaîtra forcément, même au sein des nations où il était le plus développé.

***

L'exagération des armements, créatrice de la puissance d'un peuple, finit par entraîner sa ruine. Les empires fondés uniquement sur le militarisme succombent par le militarisme. La décadence de l'empire romain commença dès qu'il n'eut plus que des forces militaires pour soutien.

∗

Quand les méthodes d'armement d'un peuple présentent une évidente supériorité, les autres nations sont bien obligées de les adopter, sous peine de se voir asservies. Malgré son horreur du germanisme, l'Europe est menacée d'en subir les principes militaires avec toutes les servitudes politiques qu'ils entraînent.

∗

Supposons le militarisme allemand détruit. Comment l'empêcher de renaître, sinon en lui opposant un militarisme plus fort. Une militarisation universelle sera donc nécessaire pour démilitariser un seul peuple.

∗

L'Europe ne pourra éviter le militarisme que par suite d'une transformation profonde dans la mentalité du peuple germanique. Possible pour l'avenir, cette transformation est bien improbable aujourd'hui.

∗

Tant que les conceptions militaristes de l'Allemagne n'auront pas été transformées, les peuples obtiendront des armistices, mais non une paix durable.

∗

On parle souvent d'une société des nations, mais, comme l'a déclaré un premier ministre au Parlement, cette société ne pourra être constituée que par les nations en armes. Or il est peu probable que des peuples bien armés restent longtemps pacifiques. Ce n'est pas du moins ce qu'enseignent la psychologie et l'histoire.

CHAPITRE VII
L'ÉVOLUTION INDUSTRIELLE
DES GUERRES MODERNES.

Le fondeur de canons est devenu le grand arbitre des temps nouveaux. Les maîtres du monde ne pourraient rien sans lui.

***

Les guerres modernes sont des guerres d'industriels beaucoup plus que de généraux. Le génie de César et celui de Napoléon resteraient impuissants contre un adversaire possédant un nombre illimité de canons.

***

Les effectifs ont joué un rôle important, mais non essentiel, dans la guerre actuelle. Les moyens de destruction mécaniques exercèrent une action prépondérante appelée à le devenir davantage encore avec les progrès de l'industrie. Dans l'avenir, ce ne seront pas sans doute les pays les plus peuplés, mais possédant le plus d'engins de destruction, qui acquerront la prédominance militaire.

***

Les philosophes qui voudront montrer avec quelles difficultés s'établissent certaines vérités élémentaires rappelleront qu'il fallut de longs mois d'observation et la perte de plusieurs centaines de milliers d'hommes pour faire comprendre le rôle des tranchées, des fils de fer et des canons à longue portée.

*** *

La guerre s'est faite avec des éléments dont aucun n'était connu de nos généraux : sous-marins, tranchées, fils de fer, avions et canons lourds.

***

La tranchée constitue une forteresse mobile déplacée à volonté quand elle est prise ou détruite.

***

La tranchée moderne a rendu impossibles les batailles décisives d'autrefois comme celles d'Actium, d'Iéna et de Waterloo qui fixaient en une journée le sort d'un pays. Quoique très longues et très meurtrières les guerres actuelles restent cependant toujours indécises.

***

Primitivement dédaignée des chefs militaires, l'artillerie lourde finit par être considérée comme le grand facteur des batailles. Son efficacité, cependant, est limitée, puisque les Allemands ne réussirent pas à s'emparer de Verdun.

Les difficultés de l'offensive moderne et la fréquente impossibilité de percer des lignes de tranchées sont mises en évidence par les statistiques affirmant que la destruction d'un mètre de tranchées coûte 30.000 francs, 3 tonnes d'acier et quatre à cinq jours de travail, alors que le travail d'un jour suffit pour refaire une tranchée de mêmes dimensions.

***

La guerre a prouvé une fois encore qu'un procédé de destruction quelconque engendre immédiatement la création des moyens de s'en protéger. Obusiers de 420, zeppelins, gaz asphyxiants, etc., ont vu bientôt leurs effets plus ou moins annulés. Le sous-marin lui-même ne saurait échapper longtemps à cette loi. Un agent de destruction vraiment invincible devrait posséder des effets assez instantanés pour anéantir les armées et les villes avant qu'elles aient le temps de se défendre.

***

Quand l'évolution industrielle des guerres aura pris tout son développement un nombre immense d'engins destructeurs sera facilement manié par un petit groupe de spécialistes exercés. La machine à tuer remplacera alors le guerrier comme la houille a remplacé l'esclave.

CHAPITRE VIII
POSSIBILITÉS D'AVENIR

Dans les temps troublés le domaine de l'imprévisible enveloppe tellement celui du possible que la pensée recule devant les obscurités de l'avenir. Elle seule cependant est capable d'éclairer un peu la route où les peuples doivent s'engager.

*****

Les enseignements du passé ne suffisent plus à guider les peuples sur des routes inconnues. Obligés d'agir comme ils n'avaient jamais agi, leurs pensées s'orienteront vers des principes directeurs nouveaux créés par les nécessités nouvelles.

*****

Bien qu'il soit contenu dans le présent, l'avenir n'y est perceptible que sous forme de possibilités.

*****

Les prévisions fondées sur des appréciations d'intérêts peuvent être rationnelles, il est rare cependant qu'elles soient justes. Les passions et les influences mystiques sont des mobiles de la vie des peuples devant lesquels toutes les considérations d'intérêts s'évanouissent.

Nos visions d'avenir sont surtout des visions d'espérances sans parenté nécessaire avec la réalité. On ne saurait les dédaigner, puisqu'elles furent de puissants mobiles d'action.

Une humanité privée d'espérance aurait bien de la peine à vivre.

***

En raisonnant de l'avenir d'après le passé et en se rappelant la persistance des idées d'origine mystique, on peut craindre pour l'Europe une nouvelle guerre de Trente Ans interrompue seulement par des paix incertaines. Le conflit aurait même des chances de durer davantage si la mentalité allemande ne change pas. Les défaites n'empêchèrent point en effet les Croisades et les guerres de religion de se renouveler aussi longtemps que persistèrent les illusions mystiques leur ayant donné naissance.

***

A mesure que la civilisation se développe, elle fait surgir des conflits de plus en plus menaçants. Si toutes les aspirations hégémoniques : allemandes, russes, balkaniques, japonaises, etc., qui grandissait, entrent en lutte, l'ère de la paix sera close pour longtemps.

***

Il est impossible de pronostiquer l'issue des guerres modernes d'après les règles applicables aux anciennes luttes. Une ou deux batailles perdues décidaient jadis du sort d'un peuple, les armées battues ne se remplaçant pas.

***

La perte de quelques centaines de milliers d'hommes ne saurait entraîner aujourd'hui de solution décisive, en raison des moyens de défense actuelle et de la facilité de remplacer les combattants.

***

Un des principaux enseignements des guerres nouvelles et qui peut-être empêchera leur répétition trop fréquente est que, dans une lutte mettant aux prises des millions d'hommes, la défaite complète et définitive de l'un des adversaires semble impossible. On détruit une armée, on n'anéantit pas un peuple.

***

Pour évaluer la durée possible d'une guerre, il faut considérer le but réel que les belligérants poursuivent. L'enjeu principal de la guerre européenne est en réalité Anvers et surtout Constantinople, clef commerciale de la Méditerranée, de l'Égypte et des routes de l'Inde. Posséder l'antique cité c'est tenir en vasselage économique une partie de l'Europe.

***

Les réflexions les plus justes sur la nécessité, pour la France, d'éviter une paix incertaine furent formulées par un de nos ennemis, le prince de Hohenlohe : " La France, disait-il, combattra coûte que coûte jusqu'au bout; le peuple français sent nettement qu'il y va de son existence. Il sait qu'il ne retrouvera jamais plus, à côté de lui, d'aussi nombreux et d'aussi puissants alliés; il sait que s'il ne sort pas vainqueur de la lutte terrible actuellement engagée, toutes ses chances de victoire auront à jamais disparu ",

***

On pourrait espérer que le souvenir des dévastations et des haines engendrées par le conflit mondial empêchera pendant longtemps le retour des guerres si l'on ne savait combien est courte la mémoire des peuples.

***

La destruction de merveilleuses cités par des hordes incapables de dominer leur férocité ancestrale permet de redouter l'anéantissement futur des chefs-d'oeuvre épargnés par les siècles. L'avenir nous réserve peut-être un monde où toutes les oeuvres d'art détruites seront remplacées par des usines, des casernes et des tranchées. Les peuples civilisés regretteraient alors d'avoir trop vécu.

***

Les batailles de l'avenir, probablement aériennes, auront pour but principal l'incendie des cités et l'extermination de leurs habitants par de petites équipes d'ingénieurs. La destruction systématique de la population civile remplacera sans doute alors celle de la population armée.

***

Un diplomate allemand affirmait qu'avec les progrès rapides des moyens de destruction la prochaine guerre amènera l'anéantissement de la race blanche. Sa disparition complète paraît douteuse, mais il est possible que si de telles luttes se répétaient, le sceptre de la prospérité passe entre les mains des nations de l'Extrême-Orient.

***

Les peuples auront été tellement habitués par les formes nouvelles de la guerre à la mainmise de l'État sur la vie nationale, la liberté, la fortune et l'existence des citoyens, qu'on peut se demander si ce retour à l'antique servage ne deviendra pas la loi future du monde. Les notions de droit individuel et de liberté s'évanouiraient alors au point de n'être même plus comprises.

***

Un des plus importants personnages de l'empire allemand demandait que, pour reconstituer les richesses perdues, l'état obligeât tous les citoyens à exercer un métier manuel. La fabrication des objets de luxe serait interdite, des impôts écrasants appliqués aux personnes prétendant conserver de tels objets, les tableaux notamment. Si ces projets se réalisaient, l'Allemagne deviendrait une gigantesque usine où, sous le bâton de caporaux rigides, la masse des citoyens fabriquerait des articles d'exportation et des canons, en échange d'une ration modeste de bière et de choucroute. Il faut une mentalité bien spéciale pour proposer comme idéal de vie un tel enfer.

La vie dans la caserne ou l'usine en attendant la mort sur les champs de bataille serait-elle vraiment l'aboutissement de tant de siècles de civilisation et d'efforts ? Autant vaudrait alors revenir à 'âge des cavernes. L'homme y vivait dans les dangers sans doute, mais il jouissait au moins de quelque liberté.

***

La seule chance possible d'une paix prolongée ne se trouvera ni dans une alliance des peuples, ces alliances étant incertaines, ni dans la démonstration de l'interdépendance industrielle des nations, la foi mystique dominant tous les intérêts, mais seulement dans la substitution chez le peuple allemand d'une philosophie nouvelle à l'ancien idéal mystique d'hégémonie. De telles transformations sont toujours très lentes.

***

Il semble peu probable que l'Europe puisse espérer revoir de longtemps une ère de liberté. En dehors même du militarisme qui la menace, comment échapperait-elle aux chaînes diverses que les théoriciens de l'étatisme et du socialisme rêvent de lui forger?

Livre VIII
Dans le Cycle de la Science

Chapitre I
LES VÉRITÉS SCIENTIFIQUES
ET LES LIMITES DE NOS CERTITUDES.

Le savant utilise les forces de la nature et en détermine les lois, mais il ignore profondément leur essence.

***

A l'aurore des sciences les faits semblent facilement explicables. Quand la science grandit, des phénomènes aussi simples en apparence que l'électrisation d'un bâton de résine, la combustion d'une bougie, ou la chute d'un corps, deviennent inexplicables.

***

Dans le domaine de l'observation la science n'a jamais fait faillite. C'est seulement dans le cycle des interprétations que cette faillite est réelle.

***

Toutes nos vérités scientifiques étant des approximations à notre mesure, leur interprétation dépend de la mentalité qui les formule.

***

Les conséquences des lois scientifiques finissent généralement par prendre plus d'importance que la découverte de ces lois. Les trois principes fondamentaux de la thermodynamique s'énoncent en quelques lignes, mais ils ont donné naissance à de nombreux volumes d'explications.

Les vérités scientifiques les plus sûres en apparence sont seulement de conventionnelles certitudes. C'est ainsi que les axiomes essentiels de la géométrie s'appliquent à des corps inconcevables pour la pensée. On essayerait vainement d'imaginer, par exemple, un point n'ayant pas trois dimensions. Un point réel, c'est-à-dire pensable, a forcément de l'étendue et peut par conséquent être traversé par plusieurs lignes parallèles, contrairement à l'un des plus célèbres axiomes de géométrie.

***

Les grandes découvertes scientifiques débutent par des intuitions surgissant dans l'esprit sous forme d'hypothèses que doit ensuite vérifier l'expérience.

***

Refuser d'accepter l'hypothèse pour guide est se condamner à prendre le hasard pour maître.

***

Les hommes de tous les âges ont vécu d'hypothèses mais, alors que l'ignorant les accepte comme des certitudes définitives, le savant ne leur accorde de valeur qu'après une vérification expérimentale. L'hypothèse est seulement pour lui un échelon de la vérité.

***

Une doctrine scientifique et surtout philosophique n'a pas besoin pour triompher de s'appuyer sur des raisons très sûres. Il suffit qu'elle soit soutenue par des croyances très fortes.

***

Une banalité exprimée en termes algébriques cesse, pour beaucoup d'esprits, d'être une banalité. La théorie la plus incertaine se fait accepter facilement dès qu'elle est revêtue d'une forme mathématique.

***

L'histoire des sciences montre que bien des propositions admises comme vérités sont le plus souvent de simples points de vue momentanés destinés à disparaître.

***

L'ancienneté d'un dogme ne constitue nullement une preuve de son exactitude. Pendant deux mille ans les philosophes et les savants crurent à l'indestructibilité de l'atome.

Aujourd'hui l'expérience a prouvé que la matière subit la loi universelle condamnant les choses à vieillir et mourir .

***

Même en matière scientifique, il est rare que nos convictions aient uniquement l'expérience pour soutien. Les théories les plus faciles à démontrer, celles de la circulation du sang ou de la dématérialisation de la matière, par exemple, ne furent acceptées qu'après l'assentiment de savants revêtus d'un prestige officiel .

***

L'utilité et la vérité sont des notions fort distinctes. On peut être obligé d'accepter une nécessité, mais il est dangereux pour le progrès de l'esprit humain d'identifier, comme le font les pragmatistes, le véridique et l'utile.

***

Deux vérités d'aspect contradictoire ne sont parfois que des fragments complémentaires d'une même vérité.

Chapitre II
Les vérités actives
et les vérités inactives.

Au point de vue de leur action sur la conduite, nos certitudes pourraient être divisées en vérités actives et vérités inactives. Les vérités inactives se formulent en assertions banales que chacun répète sans être influencé par elles jusqu'à ce qu'une catastrophe en révèle la force.

***

Une vérité qui se heurte à des sentiments, des passions, des croyances, des intérêts ou simplement à de l'indifférence, reste une vérité inactive. Elle cesse même, pour beaucoup d'esprits, de constituer une vérité.

***

Nous possédions avant la guerre un grand nombre de vérités inactives : la supériorité des canons à longue portée, l'utilité de nombreuses munitions, la valeur des tranchées et bien d'autres encore. L'expérience seule révéla leur valeur.

***

L'énoncé d'une vérité est sans intérêt tant qu'elle ne frappe pas assez l'esprit pour devenir mobile d'action.

***

Les catastrophes sont parfois nécessaires pour transformer en vérités actives les vérités inactives. L'arrêt du recul des Allemands après la bataille de la Marne montra, conformément aux théories de leurs livres, qu'avec des tranchées on arrête une invasion. Nous eûmes huit départements dévastés parce que cette vérité, active pour les Allemands, était restée inactive pour nous.

***

Certaines vérités sont inactives parce que leur simplicité apparente dissimule des conséquences difficiles à percevoir. On peut considérer, par exemple, comme une vérité évidente qu'il ne faut pas prétendre concurrencer ses rivaux sur des terrains où leurs ressources naturelles les rendront toujours les plus forts. Le contenu de cette vérité est très supérieur à sa partie évidente, puisqu'elle semble peu comprise encore. De sa compréhension complète, tout notre avenir économique dépend.

***

Les vérités évidentes deviennent vite des vérités inactives. C'est pourquoi il faut souvent les répéter sous des formes diverses.

***

Le succès d'une vérité dépend beaucoup du moment où elle est formulée. Quand un illustre général anglais prêchait à son pays, avant la guerre, la nécessité d'une armée puissante, il n'était pas écouté. De même dans le domaine de la science pure. Personne n'adopta les idées de Lamarck lorsque avant Darwin il enseignait le transformisme.

***

Des vérités capables d'illuminer l'avenir restent sans action sur le présent lorsque peu d'esprits sont aptes à en saisir la portée.

***

L'erreur est parfois plus génératrice d'action que la vérité.

CHAPITRE III
LA NATURE ET LA VIE.

La vie d'un être représente la somme de l'existence de millions de petites cellules remplissant des fonctions fort différentes et se conduisant comme si elles constituaient des individualités distinctes, capables chacune de diriger son évolution dans un sens déterminé.

***

L'être vivant est comparable à un édifice dont les pierres s'usant très vite devraient être sans cesse remplacées. L'édifice garde à peu près sa forme, mais il ne contient bientôt plus aucun de ses matériaux primitifs.

***

Durant leur évolution, les cellules d'un être vivant exécutent une série d'opérations physiques et chimiques infiniment plus compliquées que celles de nos laboratoires. Ces opérations n'ont rien d'un mécanisme aveugle, puisqu'elles varient suivant les nécessités du moment. Les choses se passent comme si les cellules étaient guidées par des intelligences différentes de la nôtre et dans bien des cas fort supérieures.

***

La petite cellule initiale d'où dérive chaque être vivant et qui, développée dans un sens déterminé, deviendra oiseau, homme ou chêne, contient un long passé et un immense avenir. Ce minuscule élément chargé d'un entassement de siècles révèle un monde de forces, orienté par un mécanisme dont la compréhension reste très au-dessus de notre intelligence.

***

Le savant capable de résoudre les problèmes résolus à chaque instant par les cellules d'un être vivant posséderait une intelligence si immensément supérieure à celle des autres hommes qu'il mériterait d'être considéré comme un Dieu.

***

La terrible loi de la lutte pour la vie dont les civilisations tentent péniblement d'adoucir les effets semble bien une loi éternelle. Les cellules de notre propre corps luttent constamment entre elles. La lutte est aussi intense dans le monde végétal que dans le monde animal. Les plantes combattent sur terre pour une place au soleil et sous terre pour la possession des aliments du sol.

***

L'instabilité et la lutte sont les lois de la vie. Le repos, c'est la mort.

Les forces physiques, la radiation solaire notamment, déterminent les conditions de notre civilisation. Chaleur extrême ou froid extrême impliquent la vie sauvage ou tout au moins la barbarie.

***

Chaque âge géologique eut ses rois de la création. Aux modestes trilobites de l'âge primaire succédèrent les gigantesques reptiles de l'âge secondaire, et plus tard les mammifères d'où l'homme devait émerger un jour en attendant que le monde voie surgir de nouveaux maîtres. Ils seront caractérisés peut-être par une intelligence suffisante pour comprendre les phénomènes de la vie si inaccessibles aujourd'hui.

***

La loi de la transformation des êtres par mutations brusques qui tend à remplacer celle de l'évolution lente indique seulement qu'après une série successive de changements intérieurs inaperçus, les équilibres de l'être vivant ont été assez modifiés pour qu'une cause légère change soudainement leur aspect.

***

La mutation brusque est une révolution, mais une révolution couronnant une lente évolution. Les révolutions des peuples représentent une application du même principe.

***

Dès que le temps intervient dans l'équation générale des choses, la petitesse infinie peut engendrer l'infinie grandeur.

***

D'infimes polypes ont bâti des continents. Des îles et des montagnes furent créées par l'accumulation continue de petits grains de sable. Une fourmi à laquelle serait accordé le temps arriverait à niveler les plus hauts sommets.

***

Le temps est forcément associé à toute création. Les dieux eux-mêmes ne pourraient rien sans lui.

***

La nature n'a nullement établi entre les animaux et l'homme l'abîme profond que nous essayons de marquer par les termes méprisants de notre langage. Pour nous, la femelle d'un animal n'est pas enceinte, mais pleine; elle n'accouche pas, elle met bas; elle ne meurt pas, elle crève; elle n'est pas enterrée, mais enfouie. Notre dédain pour les animaux n'est dû qu'à l'ignorance de notre parenté avec eux.

***

Il est toujours imprudent de parler des buts supposés de la nature, alors que nous la connaissons si peu. Elle agit dans un plan fort différent du nôtre. Ses valeurs ne sont pas nos valeurs et elle ignore nos mesures.

***

Lorsque, pour justifier leurs dévastations, les Allemands rappellent comment la nature fit progresser les êtres en détruisant les plus faibles, ils oublient que tous les progrès de la civilisation ont justement consisté à soustraire l'homme aux forces de la nature. Elle nous dominait jadis, nous la dominons aujourd'hui.

***

La civilisation et la nature semblent poursuivre des buts fort distincts et souvent même contradictoires. La justice est une création humaine indispensable à l'existence des sociétés, mais que les forces aveugles de la nature ne connaissent pas.

CHAPITRE IV
LA MATIÈRE ET LA FORCE.

L'évolution de la pensée scientifique a conduit de la certitude absolue à des incertitudes progressives. Il y a cinquante ans la science représentait un cycle de vérités que le doute n'effleurait jamais. Les fondements de l'édifice étaient d'une imposante grandeur. Des équations savantes reliant les éléments irréductibles des choses le temps, l'espace, la matière et la force, semblaient tracer à la nature ses lois. Les découvertes récentes ont anéanti toutes nos illusions sur la simplicité de l'univers.

***

La mécanique classique, jadis en apparence la plus sûre des sciences, est celle qui révéla le plus d'incertitudes dès que l'expérience toucha ses fondements. A l'époque où ses adeptes croyaient expliquer le monde avec les équations du mouvement, l'univers paraissait fort simple. Aujourd'hui l'impuissance de la dynamique à interpréter les choses est devenue évidente. La mécanique énergétique qui ne voit dans les phénomènes que des mutations d'énergie, n'a pas réussi davantage à donner des explications plus sûres.

***

Les nouvelles expériences sur la variation de la masse avec sa vitesse, sur l'identité de la matière et de la force, sur le rayonnement de l'énergie par éléments de grandeurs variables dits Quanta et par conséquent sur la substitution du discontinu au continu dans les phénomènes, ont suffi à montrer la faible solidité de principes scientifiques considérés jadis comme indestructibles.

***

Un éminent mathématicien faisait justement remarquer à propos des idées nouvelles, qu'aujourd'hui on voit une même théorie " s'appuyer tantôt sur les principes de l'ancienne mécanique et tantôt sur les hypothèses qui en sont la négation ". Très sûre quand elle se limite au domaine des faits, la science devient plus incertaine chaque jour dans celui des interprétations.

***

Les concepts de la mécanique, déjà tant modifiés dans ces dernières années, devront changer encore quand sera généralisée l'idée que la matière représente simplement une forme d'énergie douée d'une provisoire fixité. La matière et la force, qui semblaient jadis constituer deux mondes séparés, apparaissent aujourd'hui comme les formes différentes d'une même chose .

***

Tous les éléments de la nature semblent reliés par d'invisibles liens. Entraîné par les fils de l'attraction, l'océan oscille entre les astres et la terre. Le volume d'un corps varie constamment avec la température de son milieu. La table sur laque j'écris ces lignes est soumise aux attractions de tous les astres de l'univers et les attire à son tour. Rien ne reste isolé dans le mécanisme du monde.

***

Les phénomènes imprévus révélés par la découverte de la dissociation de la matière ont prouvé que nous sommes entourés de forces gigantesques à peine soupçonnées obéissant à des lois encore ignorées. La plus colossale de ces forces, l'énergie intra-atomique, était aussi inconnue il y a quelques années que le fut l'électricité pendant de longs siècles.

***

Les réactions chimiques, origine des forces que nous utilisons, modifient l'équilibre des molécules, mais effleurent à peine la stabilité des atomes. Le jour où la science parviendra à désagréger entièrement les atomes d'un corps, elle aura entre les mains une source colossale d'énergie qui rendra inutile l'emploi de la houille et transformera entièrement les conditions d'existence des peuples.

***

Sous son apparente immobilité, la matière la plus stable, un bloc de marbre par exemple, possède une vie intense et une impressionnabilité extrême facilement révélées par certains instruments tels que le bolomètre.

***

La matière, considérée jadis comme un élément inerte image du repos, ne subsiste que grâce à l'immense rapidité du mouvement tourbillonnaire des atomes qui la composent. La matière c'est de la vitesse et non du repos.

***

La matière représente un état d'équilibre entre les forces internes dont elle est le siège et les forces externes qui l'enveloppent. La définition d'un corps reste donc inséparable de celle de son milieu. Le métal le plus dur se transforme en vapeur quand son milieu éprouve certaines variations. L'eau devient solide, liquide ou gazeuse suivant le milieu où elle est plongée.

***

Il est frappant de constater avec quelle difficulté la science qui observe si facilement les faits arrive à en déterminer la loi. Plus d'un demi-siècle de pénibles recherches fut nécessaire pour s'apercevoir que les lois déterminant l'apparition d'un mode quelconque d'énergie : chaleur, électricité, mouvement, etc., étaient identiques à celles qui régissent l'écoulement d'un liquide et qu'il n'y a par conséquent aucune manifestation possible d'énergie sans dénivellation de certains éléments.

Dans la nature, la petitesse apparente des éléments est parfois sans rapport avec la grandeur de leurs effets. La cellule initiale d'un éléphant ou d'un chêne est beaucoup moins grosse qu'une tête d'épingle. Un minuscule fragment de métal contient une quantité immense d'énergie intra-atomique.

***

Avec une force quelconque de la nature on peut obtenir toutes les autres, sauf celles qui animent les êtres. La vie seule crée la vie.

Chapitre V
Visions philosophiques.

Personnifiée sous forme d'un être jugé d'après nos sentiments humains, la nature apparaîtrait douée de qualités fort médiocres. Sa férocité serait révélée par l'obligation où elle met toutes les créatures de s'entre-dévorer pour vivre. Son intelligence semblerait restreinte, puisqu'on la voit essayer des formes successives nombreuses avant d'en réussir de plus parfaites. Sa bienveillance à notre égard serait tenue pour nulle, puisque l'existence d'un funeste microbe est aussi soigneusement assurée que celle des plus puissants génies.

***

Interrogé sur ses intentions, l'être personnifiant la nature répondrait sans doute que dominé par la nécessité et le temps il ne possède aucune volonté et ne lit pas mieux que les créatures dans le livre du destin.

***

Les hommes n'ont jamais cessé de rêver d'éternité et cependant l'éphémère les domine toujours. Les plus grands empires se sont évanouis, les dieux eux-mêmes sont tombés en poussière et aujourd'hui l'astronomie montre que les astres peuplant le ciel finissent aussi par disparaître.

***

Nos idées sur les choses varient nécessairement suivant que l'on considère la forme éphémère de ces choses ou leur contenu éternel.

****

Les religions apprenaient jadis à l'homme à regarder dans le passé et le considéraient comme déchu de sa primitive splendeur. La science montre au contraire que le progrès est dans l'avenir. Nos efforts créent la puissance de l'humanité future.

****

A l'éternité individuelle promise par les anciennes croyances doit se substituer le sentiment de continuité et de perfectibilité de la race. Cet idéal n'est pas insuffisant, puisque sur les champs de bataille des millions d'hommes sacrifient leur vie pour assurer la prospérité future d'êtres qu'ils ne verront jamais.

****

L'esprit humain préférera toujours une interprétation chimérique à l'absence d'explications.

****

Les lois des phénomènes sont écrites dans un livre dont une existence entière ne suffit pas à déchiffrer quelques lignes.

****

Rester convaincu que le monde est dominé par des fatalités occultes contre lesquelles l'homme demeure impuissant, c'est oublier que tous les progrès de la science consistent justement à dissocier des fatalités. Les grandes épidémies cessèrent d'être des fatalités quand leurs causes furent connues.

***

Les progrès de la civilisation représentait les triomphes successifs de l'homme dans sa lutte contre les fatalités de la nature.

***

L'histoire semble prouver qu'il est plus facile de subjuguer la nature que ses propres sentiments. Les forces naturelles sont asservies, le soleil, la foudre et l'océan deviennent nos esclaves, mais nous n'avons pas. encore réussi à dominer certains instincts de notre animalité primitive.

***

L'astronomie étant incapable de déterminer la trajectoire de trois corps agissant les uns sur les autres, on conçoit l'impossibilité de calculer l'action réciproque des milliers d'éléments intervenant dans les phénomènes sociaux. Une prévision n'est possible que si l'un de ces éléments devient très prépondérant à l'égard des autres.

***

La science ne pourra jamais servir de base à une morale parce qu'aucune comparaison possible n'existe entre les lois morales et les lois physiques. Les premières représentent des nécessités sociales variables, d'un peuple à un autre. Les secondes sont universelles et ne varient jamais.

***

Toutes nos définitions se ramenant à des comparaisons, ce qui n'est comparable à rien, comme l'espace, le temps et la force, n'est pas susceptible de définition, mais seulement de mesure.

***

L'appréciation philosophique de la valeur des choses dépend entièrement du point de vue de l'observateur. Une intelligence supérieure indépendante du temps envisagerait les races humaines comme d'insignifiantes fourmilières peuplant un globe voué par son refroidissement progressif à une mort certaine. Un esprit considérant seulement la nature verrait dans le plus grand génie et dans la plus humble moisissure des organismes du même ordre momentanément surgis de la matière et destinés à y retourner bientôt. Au point de vue exclusivement humain, l'homme devient au contraire le centre d'un univers dont la durée est assez longue pour sembler éternelle.

***

Les dissertations sur la vanité des choses et sur les mystères qui nous enveloppent ne doivent pas trop retenir nos pensées. La vraie sagesse est de suivre sa destinée, sans se préoccuper des buts mystérieux d'un univers que nous ne comprenons pas. Que serait la vie des éphémères ne vivant qu'un jour s'ils employaient leur temps à disserter sur la brièveté de ce seul jour ?

***

Pour les dieux de prescience infinie dont les religions peuplent le ciel, l'avenir en raison même de cette prescience est aussi fixé que le passé l'est pour nous. Parcourant à leur gré l'échelle infinie du temps, ils ne sauraient distinguer l'étroite ligne de séparation entre le passé et l'avenir que nous nommons le présent.

***

La poursuite du bonheur et celle de la vérité sont fort distinctes. Pour l'homme soucieux de son bonheur, il est sage de ne pas trop rechercher les fondements des choses. Le chercheur avide seulement de vérité doit au contraire essayer de tout approfondir.

***

La découverte philosophiquement la plus haute, puisqu'elle nous ferait pénétrer dans l'essence des choses et côtoyer l'absolu, serait d'arriver à connaître la matière et les forces autrement que par leurs relations avec le monde extérieur. Les concevoir autrement est actuellement impossible, puisque ce sont uniquement ces relations qui constituent les propriétés permettant de définir les choses.

***

Chaque science aboutit bientôt à un mur de causalités inaccessibles. Il n'est pas un seul phénomène dont la cause première soit connue.

L'observation astronomique révèle que les astres sont à divers âges d'évolution. Ils semblent donc parcourir le cycle fatal des choses : naître, grandir, décliner et mourir. Des mondes peuplés comme le nôtre, couverts de cités florissantes, remplis des merveilles de la science et de l'art, ont dû plus d'une fois sortir de la nuit éternelle et y rentrer sans rien laisser derrière eux.

***

L'univers et les êtres qui l'habitent représentent des formes transitoires régies par des forces éternelles.

FIN

Sommaire